Vitório Donato

INTRODUÇÃO À LOGÍSTICA
O PERFIL DO PROFISSIONAL

EDITORA
CIÊNCIA MODERNA

Introdução à Logística - O Perfil do Profissional
Copyright© Editora Ciência Moderna Ltda., 2010.

Todos os direitos para a língua portuguesa reservados pela EDITORA CIÊNCIA MODERNA LTDA.
De acordo com a Lei 9.610, de 19/2/1998, nenhuma parte deste livro poderá ser reproduzida, transmitida e gravada, por qualquer meio eletrônico, mecânico, por fotocópia e outros, sem a prévia autorização, por escrito, da Editora.

Editor: Paulo André P. Marques
Produção Editorial: Aline Vieira Marques
Copidesque: Eveline Vieira Machado
Capa: Paulo Vermelho
Diagramação: Tatiana Neves
Assistente Editorial: Vanessa Motta

Várias **Marcas Registradas** aparecem no decorrer deste livro. Mais do que simplesmente listar esses nomes e informar quem possui seus direitos de exploração, ou ainda imprimir os logotipos das mesmas, o editor declara estar utilizando tais nomes apenas para fins editoriais, em benefício exclusivo do dono da Marca Registrada, sem intenção de infringir as regras de sua utilização. Qualquer semelhança em nomes próprios e acontecimentos será mera coincidência.

FICHA CATALOGRÁFICA

DONATO, Vitório.
 Introdução à Logística - O Perfil do Profissional
 Rio de Janeiro: Editora Ciência Moderna Ltda., 2010.

 1. Administração de material
 I — Título

 ISBN: 978-85-7393-968-2   CDD 658-7

Editora Ciência Moderna Ltda.
R. Alice Figueiredo, 46 – Riachuelo
Rio de Janeiro, RJ – Brasil   CEP: 20.950-150
Tel: (21) 2201-6662/ Fax: (21) 2201-6896
LCM@LCM.COM.BR
WWW.LCM.COM.BR

Aos meus pais Diógenes e Solange.
Aos meus flhos Yudi, Akio e Kenzo.
Aos meus irmãos Ricardo, Savana, Cláudia, Giane, Dénio
e Tasso (em memória).

Prefácio

Até a década de 80, a matriz industrial brasileira esteve concentrada na produção de *commodities*. A modificação do cenário competitivo mundial, os avanços tecnológicos e a perspectiva de escassez dos recursos naturais têm levado as empresas ao aprimoramento e à renovação dos seus processos produtivos. No centro dessas transformações, encontram-se a implementação e a adequação de modernas tecnologias logísticas na cadeia produtiva.

Apesar do recente crescimento do número de instituições que ofertam ensino especializado, técnico e superior no Brasil, apenas uma pequena parcela apresenta um foco na tecnologia específica para o processo de Sistemas Logísticos, sendo que os bacharelados tradicionais, tais como os cursos de Engenharia e Administração de Empresas, têm currículos mais generalistas e não focados nessa área do conhecimento.

Paralelo a isso, registram-se outros tantos fatores, tais como a ausência de infraestrutura laboratorial das instituições e a falta de adequabilidade das matrizes curriculares dos cursos atuais às reais demandas do mercado, problemas, estes, que devem ser adicionados a elevados índices de evasão escolar. Este fato vem gerando um grande *déficit* na formação profissional, no que se refere ao atendimento da demanda crescente do setor produtivo.

Os indicadores econômicos, na sua maioria, apontam para o desenvolvimento da matriz produtiva como a grande alavanca para o crescimento do país, concomitantemente é o segmento de serviços que vem, nos últimos anos, mostrando-se como a principal via de geração de empregos.

VI | Introdução à Logística - O Perfil do Profissional

Uma Indústria manufatureira forte coloca o país em uma posição confortável, pois o mesmo deixa de depender somente da exportação de *commodities*, partindo para a produção de bens finais de maior valor agregado. Porém, existe uma condição fundamental para que esse "*status quo*" seja implantado e mantido, que é o nível de capacitação dos trabalhadores desta indústria moderna. As empresas hoje operam com processos logísticos mais complexos, mais rápidos, com um foco na sustentabilidade e o desafio do profissional de logística é fazer essas operações com um custo cada vez menor.

Atrelado a tudo isto, o mercado de trabalho ainda apresenta uma grande dificuldade no entendimento dos níveis de competência do profissional de logística. Vemos, diariamente, empresas contratando um almoxarife (que é um profissional operacional) para atuar como gestor e vice-versa. Ao longo do livro, apresentamos as competência e as habilidades de cada nível profissional. Desta forma, estaremos contribuindo para um melhor entendimento do assunto.

Assim, a missão deste trabalho é o de contribuir com a melhoria contínua do padrão de qualidade da mão-de-obra da área logística, através da educação profissional, nos diversos níveis tecnológicos, visando atender às demandas das empresas por um profissional capaz de gerir seu próprio trabalho ou, ainda, ocupar cargos de média gerência na gestão da produção e logística. Assim, tal profissional estará apto a contribuir para a evolução da matriz industrial e o desenvolvimento sustentável do país.

Dentro deste contexto, o livro tem por finalidade apresentar o perfil dos diversos níveis profissionais da área logística, como também apresenta as oportunidades de trabalho ofertadas pelo mercado de trabalho na tentativa de suprir a demanda atual e prospectiva por profissionais com formação tecnológica na área, com perfil flexível e capazes de manter a qualidade do trabalho, solucionar problemas nessa linha de conhecimento e aptos a contribuir de forma significativa para a excelência dos sistemas produtivos.

Sendo a primeira edição, é possível a existência de falhas que deverão ser sanadas. Quaisquer sugestões por parte dos leitores terão a melhor receptividade, pois, assim, este livro poderá ser melhorado e atualizado periodicamente.

O autor

"A história já assistiu à derrota de mais exércitos pela carência e pelo caos provocados por uma logística ineficiente do que pelas mãos dos inimigos."

Cardeal Richelieu, século XVII

Sumário

Módulo 1
- NIVELADOR - 1

Capítulo 1
Breve Histórico da Logística 5

Histórico da Armazenagem 6
    Na Pré-história 6
    Os Sumérios 8
Histórico do Suprimento 9
    Planejando o Suprimento 9
Histórico dos Transportes 9
    No Egito 10
    Na Mesopotâmia 11
    Na Macedônia 11
        Planejando o deslocamento das tropas 11
    Em Roma 12
    A tecnologia viária da nossa era 12

X | Introdução à Logística - O Perfil do Profissional

Capítulo 2
Momentos Importantes na História 15

Grandes Estrategistas 16
  Sun Tzu 16
    A Arte da Guerra, Capítulo 2 – Gerenciando a Guerra 16
  Ciro II 17
  Dario I 17
  Xenofonte 18
  Epaminondas 18
  Filipe II 19
  Alexandre 20
  Anibal 20
  Caio Júlio Cesar 21
  Luis XIV 21
  Antoine Henri Jomini 21
  Antonio Vicente Mendes Maciel 23
  Batalha da Normandia 24
    Vo Nguyen Giap 26

Capítulo 3
Evolução da Atividade Logística 29

Fatos Relevantes na Antiguidade 30
Fatos Relevantes da História Recente 32
No Brasil 34

Módulo Específico 1
- CARACTERÍSTICAS EDUCACIONAIS - 37

Sumário   XI

Capítulo 4
Requisitos Educacionais 41

Requisitos Educacionais Necessários para o bom Desempenho Profissional 42

Profissional com Escolaridade Básica 42

Requisitos educacionais para o cargo de ajudante 42

Requisitos educacionais 43

Profissional com Escolaridade Intermediária 43

Requisitos educacionais 43

Escolaridade mínima para exercer o cargo de almoxarife 44

Profissional com Formação Secundária Profissionalizante 44

Requisitos de acesso aos cursos profissionalizantes 45

Escolaridade mínima para exercer as funções de assistente de suprimento 45

Profissional com Formação Técnica Profissional 46

Requisitos de acesso aos cursos técnicos 46

Escolaridade mínima para exercer o cargo de técnico em logística 46

Requisitos educacionais 47

Profissional Graduado 47

Requisitos de acesso aos cursos de bacharelado e graduação tecnológica 48

Escolaridade mínima para exercer as atividades de um graduado ... 48

Requisitos educacionais 49

Profissional com Formação *Lato Sensu* em Logística 49

Requisitos de acesso aos cursos de pós-graduação 50

Profissional com Mestrado e Doutorado 50

XII | Introdução à Logística - O Perfil do Profissional

Capítulo 5

O Ensino da Logística no Brasil 53

**Padrão de Matriz Curricular para os Diversos Níveis de Ensino da
Logística** 54
Cursos não Regulamentados 55
Cursos de Qualificação Profissional em Logística 55
Objetivos dos Cursos Qualificação em Logística 56
Requisitos de Acesso aos Cursos de Qualificação em Logística 56
Preparação de Ajudante de Carga 57
Cursos de Formação de Almoxarife 58
Cursos de Formação de Assistente de Suprimento 59
Cursos de Especialização em Logística (Pós-graduação *Lato Sensu*) 61
Cursos Regulamentados 63
Cursos de Formação Técnica em Logística 63
Cursos de Graduação Tecnológica em Logística 66
Cursos de Pós-Graduação *Stricto Sensu* 68

Capítulo 6
Perfil de Conclusão e Atribuições Básicas 69

Perfil Profissional do Egresso dos Cursos de Nível Básico 70
Perfil do egresso dos cursos profissionalizantes de serviços gerais ... 70
Oportunidades de ascensão profissional 71
Perfil do egresso dos cursos profissionalizantes de ajudante de
cargas 71
Oportunidades de ascensão profissional 72
Perfil Profissional do Egresso dos Cursos de Nível Intermediário 72
Perfil do egresso dos cursos profissionalizantes de almoxarife 73

Oportunidades de ascensão profissional 73

Perfil Profissional do Egresso dos Cursos de Nível Médio 74

Atribuições Básicas de um Assistente de Suprimento 74

Oportunidades de ascensão profissional 75

Perfil Profissional do Egresso dos Cursos de Nível Técnico 75

Atividades que o técnico em logística pode desempenhar 75

Perfil profissional de conclusão 76

Perfil Profissional do Egresso dos Cursos de Nível Graduação 76

Perfil profissional de conclusão 77

Perfil Profissional do Egresso dos Cursos de Nível Pós-Graduação *Lato Sensu* 78

Perfil profissional de conclusão 78

Perfil Profissional do Egresso dos Cursos de Nível *Stricto Sensu* 80

Profissionais com Mestrado e Doutorado 80

Módulo Específico II
- O MERCADO DE TRABALHO - 81

Capítulo 7
Cargos e Funções da Atividade Logística 85

Cargos na Atividade Logística 86

As Funções na Atividade Logística 86

Ajudante de Carga 87

Quais são as tarefas e responsabilidades do ajudante de carga: 87

Quais são os requisitos mínimos para ser um ajudante de carga: 88

Como iniciar na profissão de ajudante de carga 89

Como é o ritmo de trabalho de um ajudante de carga 89

Qual é o futuro da profissão do ajudante de carga 90

XIV | Introdução à Logística - O Perfil do Profissional

Profissão de Conferente 90

Quais são as tarefas e as responsabilidades do conferente: 90

Quais são os requisitos mínimos para ser um conferente: 91

Como iniciar na profissão de conferente: 92

Como é o ritmo de trabalho de um conferente 93

Qual é o futuro da profissão de conferente 93

Profissão de Estoquista 94

Quais são as tarefas e as responsabilidades da profissão de
estoquista: 94

Quais são os requisitos mínimos para ser um estoquista: 94

Profissão de Faturista 96

Quais são as tarefas e as responsabilidades da profissão de
faturista: 96

Quais são os requisitos mínimos para ser um faturista: 96

Profissão de Encarregado de Almoxarifado 97

Quais são as tarefas e as responsabilidades da profissão de
encarregado de almoxarifado: 98

Quais são os requisitos mínimos para ser um encarregado de
almoxarifado: 98

Profissão de Gestor de Estoque 99

Quais são as tarefas e responsabilidades da profissão de gestor de
estoque: 99

Quais são os requisitos mínimos para ser um gestor de estoque: 100

Função de Comprador 101

Quais são as tarefas e responsabilidades da profissão de comprador: 101

Quais são os requisitos mínimos para ser um comprador: 102

Como iniciar na profissão de comprador: 103

Como é o ritmo de trabalho de um comprador: 105

Qual é o futuro da profissão de comprador: 105

Função de Coordenador de Almoxarifado 105

Quais são as tarefas e as responsabilidades da profissão de coordenador de almoxarifado: 106

Quais são os requisitos mínimos para ser um coordenador de almoxarifado: 106

Como iniciar na profissão de coordenador de almoxarifado: 108

Como é o ritmo de trabalho de um coordenador de almoxarifado: ...108

Função de Coordenador de Compras 108

Quais são as tarefas e as responsabilidades da profissão de coordenador de compras: 109

Quais são os requisitos mínimos para ser um coordenador de compras: 109

Como iniciar na profissão de coordenador de compras: 111

Como é o ritmo de trabalho de um coordenador de compras: 112

Capítulo 8
Competências e Habilidades Exigidas pelo Mercado 113

Auxiliar de Serviços Gerais 115

Ajudante de Carga e Descarga 115

Ajudante de Suprimento 116

Assistente de Suprimento 117

Supervisor de Logística 118

Coordenador de Suprimentos 119

Gerente de Logística (ou Suprimento) 120

XVI | Introdução à Logística - O Perfil do Profissional

Módulo Específico III
- A CIÊNCIA LOGÍSTICA - **123**

Capítulo 9
Estudo da Atividade Logística **127**

Ciência Logística 128
  Principais Áreas de Estudo 128
Engenharia Logística...129
  Aplicação da Engenharia na Atividade Logística 129
  Aplicação da Engenharia Logística na Área Militar 130
Desenvolvimento de Equipamentos...133
  O Palete 133
  O Contêiner 134
Logística Aplicada...135
  Logística aplicada ao lugar onde a empresa irá funcionar............136
  Logística aplicada à compra de maquinaria 136
  Logística aplicada à aquisição de mão-de-obra 136
  Logística aplicada à produção 137
  Logística aplicada ao cliente...137

Capítulo 10
Segmentação da Logística Aplicada.....................................**139**

Aplicação da Logística 140
  Logística Empresarial 140
  Logística Industrial..141
  Logística da Manutenção 141
  Logística Hospitalar 143

Logística de Eventos 144

Logística Militar 145

Capítulo 11
Redes de Atividades Logísticas 147

Redes de Apoio Logístico 149

Gestão de Estoques 149

Aquisição 150

Transporte e movimentação de materiais 150

Armazenagem 150

Expedição 151

Apoio à produção 152

Logística Reversa 152

Redes de Suporte Logístico 153

Rede Logística de Utilidades 153

Módulo Complementar
- RACIOCÍNIO LÓGICO - 155

Capítulo 12
Histórico da Lógica 159

Lógica na China 160

Lógica na Índia 161

Teoria da inferência 161

Lógica na Grécia 162

Lógica na filosofia islâmica 162

Lógica medieval 163

Introdução ao Raciocínio Lógico 163

Raciocínio Lógico em Sucessões de Palavras 165

Solução dos exercícios 166

Capítulo 13
Iniciação à Logística 169

Proposições 170

Valores lógicos das proposições 171

Leis da lógica (do pensamento) 171

Sentenças abertas 171

Conectivos 172

Proposições simples 172

Proposições compostas 172

Tabela-verdade 172

Teorema 172

Tautologia 174

Contradição 174

Contingência 174

Capítulo 14
Introdução à Lógica Matemática 175

Operação com Números 176

Os números naturais 176

Adição e Subtração 177

Multiplicação e divisão 178

Divisão Euclidiana – método da chave 179

Números primos 179

Números compostos 179

Teoria Fundamental da Aritmética 180

Múltiplos e divisores comuns 180

Teorema 180

Frações ordinárias 180

Expressões Algébricas 183

O que são expressões algébricas ? 183

Operações 184

Soma algébrica de monômios 184

Multiplicação e divisão de monômios 184

Fatoração 186

Por que fatorar? 186

Formas de fatoração 186

Produtos notáveis 187

Quadrado da soma 187

Quadrado da diferença 188

Cubo da soma 188

Cubo da diferença 189

Soma de cubos 190

Referências 191

Glossário 195

Módulo 1

- NIVELADOR -

Módulo 1

Daremos início a um momento especial de aprendizagem. A partir de agora, você terá o primeiro contato com os saberes gerais desta área do conhecimento, que é a Logística. Nos próximos capítulos, serão apresentados os valores e os comportamentos necessários à atuação no mercado de trabalho relativos à área que você escolheu.

Desde os tempos antigos, os líderes das nações constituídas já se utilizavam de técnicas logísticas. Naqueles tempos, as guerras eram longas e geralmente distantes, e eram necessários grandes e constantes deslocamentos de recursos. Para transportar os alimentos, armamentos e carros de guerra pesados até os locais de combate, eram necessários planejamento, organização e execução de tarefas logísticas, que envolviam a definição de uma rota, nem sempre a mais curta, pois era necessário ter fontes de água potável próxima, transporte, armazenagem e distribuição de equipamentos e suprimentos. Na antiga Grécia, Roma e no Império Bizantino, os militares com o título de *Logistikas* eram os responsáveis por garantir recursos e suprimentos para a guerra.

Este livro é dirigido para as disciplinas introdutórias dos cursos no nível básico, técnico e superior de logística. Também para os cursos de qualificação profissional com características variadas destinados a profissionais que já atuaram no mercado de trabalho ou estão no exercício da profissão e que desejam uma complementação, atualização ou aprofundamento de competências para a atuação no exigente mercado de trabalho globalizado.

Capítulo 1

Breve Histórico da Logística

"Aqueles que desejam compreender com clareza os eventos que tiveram lugar no passado e que (sendo a natureza humana como é) serão num momento ou noutro e de formas bastante semelhantes, repetidos no futuro."

The Peloponnesion Wars – Tucídides, século IV a.C.

Histórico da Armazenagem

O homem, segundo as estimativas dos antropólogos, surgiu na face da Terra há mais de dois milhões de anos e evoluiu lentamente. Estima-se que as primeiras civilizações organizadas surgiram há cerca de onze mil anos.

Na Pré-história

Uma descoberta arqueológica recente na região da Jordânia encontrou evidências de uma comunidade que utilizava silos circulares para o armazenamento de alimentos, figura 1.1. A datação de carbono realizada em grãos fossilizados de cevada, encontrados no local, indica o período do uso como sendo entre 11.5 mil e 10.5 mil anos atrás.

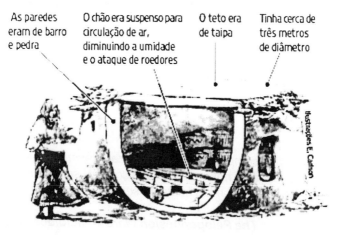

Figura 1.1- Esboço do depósito de alimentos em forma de silo na Jordânia.
Fonte: Folha de São Paulo, 2009.

A tecnologia para o armazenamento e a conservação de grãos encontrada nestes silos foi uma das mais revolucionárias utilizadas na pré-história, segundo o trabalho dos pesquisadores Ian Kuijt, da Universidade de Notre Dame, Indiana (EUA), e Bill Finlayson, do Conselho para Pesquisa Britânica no Levante, de Amã, Jordânia.

Nas planícies centrais da Turquia, nas terras do "Crescente Fértil", local onde também se praticava a agricultura sedentária, é também uma das regiões pioneiras no desenvolvimento da escrita. Lá, um povo da era neolítica se estabeleceu às margens de um rio, hoje esse rio não existe mais, e construiu uma cidade agrária (figura 1.2), atualmente conhecida como Çatalhöyük, localizada a 200 km ao sul da capital, Ankara, que chegou a ter, segundo estimativas dos estudiosos, cerca de oito mil habitantes e duas mil casas. Essa cidade não possuía ruas, o trânsito das pessoas se dava pelos telhados e o acesso às casas era através de uma passagem no teto.

Na ilustração apresentada na figura 1.2, observa-se que as construções eram sobrepostas e, segundo o resultado de escavações arqueológicas, verificou-se que algumas casas chegaram a ter até oito níveis de construção.

Figura 1.2 – Esboço da cidade de Çatalhoyuk
Fonte: Scientific American

A utilização de uma das dependências das casas como depósito era a base do sistema de armazenamento dos produtos agrícolas produzidos por esta comunidade, diferentemente dos habitantes da Jordânia que utilizavam uma estrutura específica para a armazenagem.

As técnicas de armazenamento também evoluíram no mesmo ritmo da evolução da humanidade. Inicialmente, foram utilizados recipientes de couro e, em seguida, de barro queimado para o armazenamento de grãos e água pelos povos antigos.

A necessidade de estocar foi estabelecida no momento em que o homem primitivo descobriu que podia guardar para o uso futuro os produtos excedentes às suas necessidades diárias ou ainda para permutá-los com outros homens por produtos dos quais não dispunha. A observação pelo homem da alternância entre os períodos de fartura e escassez, e a necessidade de abastecimento dos povos, deu início ao conceito de estocagem. A história da estocagem confunde-se com a história do comércio entre os povos. Historicamente, aqueles que se dedicaram ao comércio tiveram obrigatoriamente que estocar.

Estima-se que neste mesmo período surgiu em Chipre, a terceira maior ilha do Mediterrâneo, outra civilização. Na antiguidade, era conhecida como a ilha do cobre, devido à abundância desse metal na região.

Os Sumérios

A armazenagem da água era de fundamental importância para a sobrevivência das comunidades antigas. Por volta de 4000 a.C., os sumérios, através da construção de canais para irrigação, barragens e diques, construíram um complexo sistema de armazenamento e controle da água dos rios. Outra grande contribuição desse povo foi o desenvolvimento da escrita cuneiforme; eles utilizavam placas de barro, onde cunhavam esta escrita. Muito do que se sabe hoje sobre esse período da história devemos às placas de argila com registros cotidianos, administrativos, econômicos e políticos da época.

Os sumérios, excelentes arquitetos e construtores, desenvolveram os zigurates, figura 1.3, que eram construções retangulares e sobrepostas. Essas construções eram, na verdade, torres gigantescas, constituídas de várias plataformas superpostas, isto é, verdadeiras fortalezas em formato de pirâmides escalonadas e serviam como locais tanto de armazenagem de produtos agrícolas como também templos religiosos. Desta forma, vemos a importância que os sumérios davam à função de armazenagem. Construíram várias cidades importantes como, por exemplo: Ur, Nipur, Lagash e Eridu.

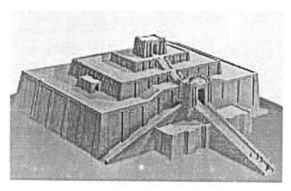

Figura 1.3 - Modelo de um zigurate

Histórico do Suprimento

Planejando o Suprimento

Os contramestres, o profissional de logística do exército de Alexandre, por sua vez, operacionalizavam o melhor sistema logístico de suprimento existente naquela época. Eles seguiam à frente dos exércitos com a missão de comprar todos os suprimentos necessários e montar postos avançados no trajeto para que, desta forma, seus soldados não transportassem muito peso. Aqueles que cooperavam eram poupados e, posteriormente, recompensados. Já aqueles que resistiam, eram eliminados.

Segundo estimativas, na marcha para o oriente, o exército de Alexandre, o Grande, consumia diariamente cerca de 100 toneladas de alimentos e 300.000 litros de água!

Histórico dos Transportes

Criado na pré-história, o travois, é um dos primeiros dispositivos utilizados pelo homem para realizar o transporte de um volume de carga maior que o homem pode suportar. Esse dispositivo é uma evolução do sistema de arrasto primitivo, no qual se utilizava casca de árvores ou peles de animais. O travois só foi utilizado depois que o homem conseguiu domesticar o animal e a partir daí, utilizou e combinou com o sistema de arrasto, utilizando a tração animal ou não. Ele é composto basicamente de duas varas longitudinais, presas por travessas, formando uma armação em forma de H ou A, sobre a qual a carga é depositada. As varas são presas ao dorso de um animal, cão ou cavalo. Na figura 1.4, temos a representação do uso do travois por índios norte-americanos.

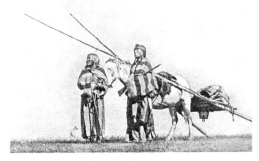

Figura 1.4 – Registro fotográfico do uso do travois de 1888.

No Egito

A necessidade de transporte por longas distâncias foi estabelecida no momento em que o homem primitivo descobriu que podia permutar os produtos excedentes às suas necessidades, com outros homens, por outros produtos dos quais não dispunha. A história do transporte confunde-se com a história do homem e de conquistas entre os povos.

Há cerca de 3.000 anos antes de Cristo, os egípcios construíram os seus primeiros depósitos de que se tem notícia, com o objetivo específico de armazenar papiros e o trigo excedente, produzidos no fértil Vale do Nilo, para posteriormente transportá-los em navios e trocá-los pelas madeiras do Líbano. Pelas descobertas das câmaras mortuárias nas pirâmides egípcias, pode-se observar a importância da armazenagem para esse povo. O faraó Keops ou Quéops, que governou o Egito há cerca 2.500 a.C., mandou construir uma pirâmide de dimensões inusitadas – base quadrada de 230m de lado e altura de 146m – A Grande Pirâmide.

Segundo historiadores, para a sua construção, foram necessários cerca de 2.3 milhões de blocos de pedra, com peso médio de 2.5 ton. por bloco de pedra. Estima-se que trabalharam na construção das pirâmides cerca de 100.000 homens durante 20 anos ininterruptos.

O historiador grego Heródoto, que viveu no século V a.C., cita que foi construída toda uma infraestrutura de estradas, sistema de produção de alimentos e material para apoiar a construção da grande obra (cordas, instrumentos, utensílios etc.).

Além dos escritos deixados por Heródoto, dois papiros são as fontes principais de informações referentes à matemática egípcia antiga. O papiro Golonishev ou de Moscou é datado aproximadamente do ano 1850 a.C. Segundo Eves, 1997, nele, encontram-se um texto matemático que contém 25 problemas e o papiro Rhind (ou *Ahmes*) datado aproximadamente do ano 1650 a.C., onde se encontra um texto, na forma de manual prático, que contém 85 problemas copiados em escrita hierática pelo escriba Ahmes de um trabalho mais antigo.

Todos os 110 problemas incluídos nos papiros de *Moscou* e de *Rhind* são numéricos, a maioria de aparência prática e lida com questões sobre a distribuição de pão e cerveja, sobre o balanceamento de rações para o gado e aves domésticas e sobre o armazenamento de grãos.

Seus discípulos, os fenícios, aprenderam com os egípcios a arte náutica e durante mais de 2.000 anos estabeleceram inúmeras colônias ao longo do Mediterrâneo, dominando uma extensa rede de colônias, com base, sobretudo de armazéns, linhas regulares de navegação e entrepostos comerciais.

Na Mesopotâmia

Mesopotâmia significa "terra entre rios" e essa região localiza-se entre os rios Tigre e Eufrates no Oriente Médio, onde atualmente é o Iraque. Vários povos antigos habitaram essa região entre os séculos V e I a.C. Entre estes povos, podemos destacar: babilônicos, assírios, sumérios, caldeus, amoritas e acádios. Vale dizer que os povos da antiguidade buscavam regiões férteis, próximas a rios, para desenvolver suas comunidades. Dentro desta perspectiva, a região da Mesopotâmia era uma excelente opção, pois garantia à população: água para o consumo, clima bom para a agricultura, rios para pescar e uma hidrovia natural de transporte. Outro benefício oferecido pelos rios eram as cheias que fertilizavam as margens, garantindo um ótimo local para a agricultura.

Na Macedônia

Planejando o deslocamento das tropas

Com um exército composto de cerca de 35.000 homens e 10.000 cavalos, as tropas de Alexandre marcharam milhares de quilômetros, com uma média de 45 quilômetros por dia. Seu exército percorreu 6.400 km na marcha do Egito à Pérsia e à Índia, a marcha mais longa da história utilizando apenas trilhas, pois não existiam estradas.

Os outros exércitos se deslocavam a uma velocidade média de 16 ou 17 quilômetros por dia, pois na época, dependiam do carro de boi, que seguia o comboio, para o transporte dos alimentos. Um carro de boi se deslocava a aproximadamente 3,5 quilômetros por hora, durante 5 horas até que os animais se esgotassem. O cavalo movia-se a 6 ou 7 quilômetros por hora, durante 8 horas por dia. São necessários 5 cavalos para transportar a mesma carga que um carro de boi.

12 | Introdução à Logística - O Perfil do Profissional

Assim, Alexandre, o Grande, criou o mais móvel e mais rápido exército da época quando elegeu a estratégia logística como seu aliado.

Em Roma

Em 312 a.C. o senado Romano autorizou a construção da primeira estrada romana, a Via Áppia, com 560 km e continuou construindo outras estradas por mais 700 anos (as principais vias romanas são: Áppia, Cássia, Flamínia e Aurélia). As estradas romanas eram praticamente de traçado reto e o instrumento de topografia que utilizavam para manter o rumo era a groma.

Os romanos copiaram a tecnologia dos etruscos na construção de rodovias. Para quebrar a rocha, os romanos aqueciam-na com o fogo gerado por uma fogueira e, em seguida, jogavam água ou vinagre para amolecer a pedra e a partir daí, os trabalhadores utilizavam o cinzel. Os romanos antes mesmo de construir estradas pavimentadas já construíam pontes. A ponte Emílios com oito arcos, ainda hoje em funcionamento, a ponte Maleone construída no século 1 a.C. ainda hoje é utilizada e túneis - o túnel de Furlo foi construído no reinado de Vespasiano.

O sistema viário romano inicialmente foi concebido para atender a necessidade de mobilidade das legiões, pois um exército em movimento por trilhas não conseguia avançar mais do que 17 km/dia. Já com a utilização de estradas pavimentadas e com um traçado regular (pontes nas depressões, túneis para vencer montanhas), conseguia-se atingir uma velocidade de 30 km/dia e com cada soldado transportando cerca de 30 kg de carga (mantimentos e armamentos). Com a intensa utilização das estradas pavimentadas (tanto pelos militares como pelos civis), os romanos se tornaram a primeira sociedade móvel.

A tecnologia viária da nossa era

Durante a segunda guerra, o exército da Alemanha tinha grande mobilidade, pois eles se espelharam nos romanos e projetaram e construíram as Autobahn (figura 1.5). O general americano Einsenhower, ao constatar esta vantagem, sugeriu a construção do sistema rodoviário norte-americano (para utilizá-lo como rodovias de defesa interestaduais) devido à necessidade e à facilidade do exército em movimentar mísseis durante a guerra fria.

Capítulo 1 - Breve Histórico da Logística | 13

Figura 1.5 – Típica freeway americana e uma Autobahn de 1930

Capítulo 2

Momentos Importantes na História

"A verdade do opressor está fundamentada na aceitação pelo oprimido."

Introdução à Logística - O Perfil do Profissional

Segundo um ditado popular, "Quando puderes beber na fonte não bebas no ribeirão." Desta forma, vamos fazer um breve passeio pelos principais estrategistas da história. Estes personagens foram escolhidos por elegerem a logística como um dos fatores nas suas estratégias.

Grandes Estrategistas

Sun Tzu

General chinês que viveu no período compreendido de 544 a 496 a.C. e que no comando do exército real de Wu, acumulou inúmeras vitórias, derrotando exércitos inimigos e capturando seus comandantes. Profundo conhecedor das manobras militares, escreveu o livro A Arte da Guerra, ensinando estratégias de combate e táticas de guerra. Desde que foi encontrada, essa obra foi traduzida centenas de vezes e recebeu várias interpretações.

A obra foi traduzida, inicialmente, pelos japoneses em 760. O padre jesuíta J. J. M. Arniot é considerado o autor da primeira tradução para uma língua ocidental, isto em 1772, e que foi publicada em Paris. Em 1782, uma nova impressão dessa obra é ordenada por Napoleão Bonaparte.

Em 1972, escavações na China revelaram uma "nova" versão da "arte da Guerra", considerada mais completa e antiga que a versão tradicional, ampliando e corrigindo algumas passagens traduzidas. O livro consta de 13 capítulos.

A Arte da Guerra, Capítulo 2 – Gerenciando a Guerra

Sun Tzu também abordou, no planejamento militar, a logística dos recursos. Abaixo, reproduzimos um dos trechos do capítulo 2 – gerenciando a guerra.

"Em operações militares, procure uma vitória rápida. Com o prosseguimento das ações, as armas ficarão desgastadas, as provisões insuficientes e as tropas desmoralizadas. Uma batalha longa entorpece o exército, umedece o espírito e o entusiasmo dos soldados, e se você sitiar uma cidade fortificada, terá suas forças esgotadas. Se o seu exército for mantido muito tempo em campanha, as reservas do Estado serão insuficientes."

"E depois, quando você tiver com suas forças desgastadas, com suas provisões insuficientes, com suas tropas desmoralizadas e com seus recursos exauridos, os governantes vizinhos tirarão proveito desta situação e obterão vantagens para atacá-lo. E você, neste caso, mesmo contando com os mais ilustres e sábios conselheiros, não conseguirá garantir um bom resultado na batalha."

Ciro II

Ciro II, mais conhecido como Ciro, o Grande, foi rei da Pérsia entre 559 e 530 a.C. Pertencente à dinastia dos Aquemênidas, foi sucedido pelo filho, Cambisses.

Segundo historiadores, a queda da Babilônia lhe rendeu a lealdade dos Fenícios, cuja habilidade naval era admirada pelo mundo conhecido, e que consistiria na base da marinha persa, ajudando nas conquistas na Trácia e também nas guerras contra dos gregos. Ciro, o Grande, destacou-se por uma generosidade não muito comum no seu tempo, ao poupar seus inimigos vencidos ou até empregá-los em cargos administrativos de seu império. Ele também demonstrou tolerância religiosa ao manter intactas as instituições locais (e até cultuar os deuses de regiões conquistadas, como quando entrou na Babilônia e consagrou-se rei no templo de Marduk). Também procurou manter todos os povos do império sob a administração de líderes locais, de forma que, sob a suserania de um governo forte, muitos daqueles povos se viram em melhor situação sob os persas do que independentes. Esses atos viriam a ser imitados por Alexandre e alguns historiadores acreditam que foi um dos alicerces do seu sucesso.

Dario I

O exército persa foi o primeiro a utilizar uma marinha em grande escala como forma de transporte e reabastecimento de tropas (Ciro criou esta base). Outra grande obra de infraestrutura foi a construção de uma ponte para passar pelo Helesponto (estreito no noroeste da Turquia ligando o mar Egeu ao mar de Mármara). Essa ponte foi construída sobre barcos e complementada com tábuas de madeira. Segundo descrito por Heródoto, em uma campanha militar, o exército persa necessitou de sete dias para que todo o contingente pudesse passar pela ponte.

Na expedição organizada por Xerxes de encontro aos gregos, em 481 a.C., estima-se que foram utilizados mais de 3.000 navios, tanto para o transporte quanto para abastecer seus exércitos.

Xenofonte

General que viveu no período compreendido, de 430 - 355 a.C., foi soldado, mercenário e discípulo de Sócrates. Historiador grego, conhecido pelos seus escritos sobre a história do seu próprio tempo e pelos discursos de Sócrates, "Os Dez Mil". As inúmeras contribuições de Xenofonte para a arte da guerra incluem o planejamento e a execução do recuo, e vemos ao longo do tempo diversos líderes aplicando essa técnica, como, por exemplo, Filipe II e Alexandre, o Grande, na batalha de Queroneia.

Xenofonte foi o primeiro que escreveu um livro a respeito da divisão do trabalho ao descrever o funcionamento de uma fábrica de sapatos na Grécia. Xenofonte escreveu em 370 a.C. "Aquele que se dedica a uma linha de trabalho que exija profunda especialização será capaz de realizá-la da melhor maneira possível." Este texto foi escrito mais de 2.000 anos antes da revolução industrial adotar a divisão de trabalho e a linha de produção por Henry Ford.

Epaminondas

Nascido em Tebas, Grécia, famoso pelas inovações e eficientes táticas introduzidas nas suas operações bélicas. Membro de uma família nobre, mas empobrecida, foi discípulo do filósofo pitagórico *Lísias de Tarento*, de quem adquiriu larga cultura. Tornou-se o artífice da hegemonia tebana durante a primeira metade do século IV a.C., quando Tebas teve de enfrentar Esparta e seus aliados (371 a.C.). Participou da conferência geral de paz em Esparta (371), onde esta cidade-estado não aceitou a negativa de Tebas de conceder a autonomia a Beócia. O rei espartano Cleombroto aprontou uma invasão militar à Tebas, oportunidade em que Epaminondas assumiu o comando do exército tebano e pôs em prática uma nova formação das linhas de ataque (a falange oblíqua), que surpreendeu e aniquilou as tropas espartanas na batalha de Leuctras (371 a.C.), impondo à Esparta sua primeira derrota em campo aberto. Tebas passou a dominar a Grécia central, pondo fim à hegemonia de Esparta sobre a península e as ilhas gregas.

Nos anos seguintes (370-369 a.C.), invadiu o Peloponeso, onde o poder de Esparta sempre fora imbatível, concedeu a independência aos messênios escravizados pelos espartanos e ajudou os arcádios a fundarem Megalópole. Posteriormente (362 a.C.), seus exércitos derrotaram, nas cercanias de Mantineia, uma aliança formada por Esparta e Atenas contra Tebas, porém o grande general morreu em combate nessa batalha. Sua morte provocou a assinatura de paz entre Esparta e Tebas, e a decadência desta última.

Filipe II

Filho do rei Amintas, governa a Macedônia de 359 a 336 a.C. Tendo sido educado em Tebas, assimila a mentalidade grega clássica e também estuda as reformas militares de Epaminondas. As táticas militares deste grande comandante tebano, nascido por volta de 420 a.c., foram o segredo da (breve) hegemonia de Tebas sobre a Grécia, como vimos anteriormente.

Filipe II percebe que é necessário abrir à sua pátria os caminhos do mar Egeu, pois a região litorânea, com várias cidades autônomas, como Olinto, ou com cidades ligadas a Atenas, nunca tinha submetido-se ao controle macedônio.

Outro passo importante de Filipe II é a reorganização do exército macedônio. Especialmente a adoção da falange tebana, que é adaptada para fins ofensivos, tornando-se o principal instrumento de suas vitórias e das vitórias de Alexandre. Filipe II "criou a infantaria média", formada de macedônios e de mercenários ligeiramente armados: arqueiros, fundibulários, cavalaria servindo principalmente aos nobres da Tessália e cavalaria ligeira empregada para reconhecimentos, tropas especialmente preparadas com meios adequados para o cerco e por fim, a guarda real, tirada da infantaria.

Filipe II foi um excelente estrategista e um tático, homem de Estado e negociador, sabendo usar da educação (copiando o povo espartano), através do treinamento do seu exército, para conquistar os adversários, pois todo soldado macedônio era treinado para suportar até 65 quilômetros de caminhada envergando uniforme completo e provisões durante oito horas a um ritmo de 8 km/h. No treinamento do exército de Filipe, era passado para os soldados o mais profundo respeito pelas conquistas dos grandes generais e uma boa compreensão a cerca das principais batalhas.

Os exércitos romanos estudaram as metodologias pedagógicas de Filipe. Em Roma, como em Esparta, não havia arte superior à da guerra.

Alexandre

Uma das grandes lendas na logística, que inspirou outros grandes líderes, tais como Júlio César e Napoleão, e que até hoje inspira as grandes empresas, foi Alexandre, o Grande, da Macedônia. Seu império alcançou diversos países, incluindo a Grécia, Pérsia e Índia. Nascido em 356 a.C., foi educado por Aristóteles, aos 16 anos já era general do exército macedônico e aos 20 anos, com a morte de seu pai, o rei Filipe II, assumiu o trono da Macedônia. Seu império durou apenas 13 anos, até a sua morte em 323 a.C., aos 33 anos. O sucesso de Alexandre não foi um acidente de percurso nem obra do acaso. Ele foi capaz de superar os exércitos inimigos e expandir seu reinado graças à inclusão de estratégias logísticas em seu planejamento estratégico. Vários fatores comprovam este fato, tais como:

- Terceirização do transporte marítimo com os fenícios.

- Descentralização dos estoques. Criou armazéns localizados em pontos avançados para o abastecimento das tropas.

- Detalhado conhecimento dos exércitos inimigos, dos terrenos de batalha e dos períodos de fortes intempéries.

- Inovadora incorporação de novas tecnologias de armamentos e gestão
- Desenvolvimento de alianças estratégicas

- Criação de uma célula onde funcionava o sistema integrado de controle. Era essa célula que centralizava todas as decisões, era o ponto central de controle gerenciando o sistema logístico e incorporando-o ao planejamento estratégico bélico.

Alexandre foi o primeiro a empregar uma equipe multifuncional especialmente treinada, composta de engenheiros e contramestres, além da cavalaria e infantaria. Esse grupo de engenheiros desempenhou um papel importante para o sucesso de Alexandre, pois tinha a missão de estudar como reduzir a resistência das cidades que seriam atacadas.

Anibal

Em 218 a.C., o general Aníbal copiou o exercito hindu e durante a Segunda Guerra Púnica entre Cartago e Roma, utilizou cerca de 60 elefantes para o

Caio Júlio Cesar

Historiadores o comparam a Alexandre. Quando atacou a Gália, construiu em dez dias uma ponte de madeira para cruzar o rio Reno (que apresentava fortes correntezas e boa profundidade). Julio Cesar utilizou essa ponte para atravessar oito legiões (cada legião era composta de 5 mil soldados) e os gauleses ao verem as legiões andando sobre as águas fugiram, porém os romanos deixaram uma mensagem de que Roma poderia chegar a qualquer lugar.

Apesar dos avanços verificados no passado, apenas no século 17 d.C. a logística passou a ser utilizada dentro dos modernos princípios militares.

Luis XIV

Por volta de 1.670, um conselheiro do rei Luís XIV sugeriu a criação de uma nova estrutura de suporte para solucionar os crescentes problemas administrativos experimentados pelo novo exército desenvolvido a partir do caos medieval. Foi criada a posição de "Marechal General de Logis", cujo título se originou do verbo francês "loger", que significar alojar. Entre seus deveres estavam:

1. Responsabilidade pelo planejamento das marchas

2. Seleção dos campos de batalha

3. Fornecimento de suprimento

4. Regulamentação do transporte

Antoine Henri Jomini

A origem da palavra logística vem do grego "LOGISTIKOS", do qual o latim "LOGISTICUS" é derivado, ambos significando cálculo e raciocínio no sentido matemático. O termo em francês é "LOGISTIQUE", depois traduzido para o inglês "LOGISTICS", que foi desenvolvido pelo principal teórico militar da primeira metade do século XIX, o barão Antoine Henri Jomini. Baseado em suas experiências vividas em campanhas de guerra ao lado de Napoleão, Jomini escreveu o livro "Sumário da Arte da Guerra", Figura 2.1, em 1836.

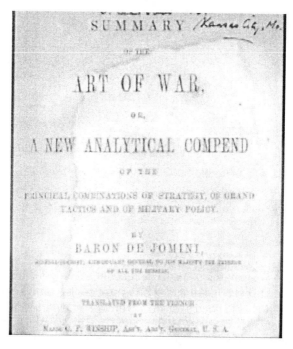

Figura 2.1 – Capa do Sumário da Arte da Guerra

Ele dividiu a arte da guerra em 5 pontos básicos:

1. Estratégia
2. Grandes táticas
3. Logística
4. Engenharia
5. Táticas menores

Definindo ainda a logística como "a arte de movimentar exércitos". Segundo Jomini, a logística não se limitava apenas aos mecanismos de transporte, mas também a:

1. Suporte
2. Preparativos administrativos

3. Reconhecimentos e inteligência
4. Envolvimentos na movimentação
5. Sustentação das forças militares

Paralelamente a Jomini, Karl Clausewitz's Vom Kriege publicou, postumamente, em 1831, a "Bíblia da Ciência Militar". Brilhante em seus escritos sobre estratégias e táticas, a sua obra se tornou a grande referência em práticas e pensamentos militares no final da primeira metade do século XIX. A obra influenciou a grande maioria dos líderes militares. Infelizmente, em sua obra, Vom Kriege ignorou a atividade de logística, fazendo com que o conceito de logística perdesse o sentido militar que Jomini tinha desenvolvido. Essa situação perdurou até meados do século XX, sendo resgatado pelos militares americanos que fizeram uso da logística no conflito bélico durante a Segunda Guerra Mundial.

Antonio Vicente Mendes Maciel

Antônio Vicente Mendes Maciel, o verdadeiro nome de Conselheiro, nasceu em Quixeramobim, Ceará, no dia 13 de março de 1830. Filho de um comerciante de secos e molhados, que, apesar do alcoolismo, queria um filho padre, ele teve uma boa educação: estudou Aritmética, Geografia, Português, Francês e Latim. Ao longo de 11 meses de luta, iniciada em 07/11/1896, devido à forma como sempre foi tratado o homem do interior, Antonio Conselheiro surpreendeu ao adotar táticas de guerrilha, tais como:

- **Camuflagem** – tática da invisibilidade através do uso de roupas de tons da terra ou folhagens; com chocalhos ao pescoço, eles berravam como bodes para se aproximar dos inimigos sem chamar a atenção. Os japoneses fizeram o mesmo na campanha da Manchúria em 1904. Na Primeira Guerra Mundial, os soldados franceses ainda usavam calças vermelhas, herança das campanhas napoleônicas, que desta forma se tornavam alvos fáceis.

- **Disfarce** – usavam as fardas dos soldados mortos para se infiltrar nas tropas inimigas e sabotar atividades internas. Tática também utilizada pelos alemães na Segunda Guerra na floresta das Ardenas (Bélgica).

- **Logística** – ataques aos comboios de suprimento preferencialmente aos animais de tração e condutores de artilharia. Somente no final do século XX, o Talibã no Afeganistão realiza ataques frequentes aos comboios dos invasores.

- **Atiradores de elite** – conhecido na época como "tiro de ofensa ao acaso e de enervamento". Quando a Rússia invadiu a Finlândia em 1939, Simo Hayhã, o "morte branca", matou mais de 542 soviéticos em 100 dias e virou o maior atirador de elite da História.

- **Uso de túneis** – só seriam usados em grande escala em conflitos bem posteriores, como na Segunda Guerra Mundial, pelos russos na batalha de Stalingrado, pelos japoneses em Iwo Jima, pelos Vietcongues (1959 – 1975), finalmente pelo Hezbollah, no Líbano e pelos afegãos contra os russos, e depois os americanos em 2006 e 2008.

Figura 2.2 - Foto de época: parte da última expedição contra Canudos.

Batalha da Normandia

Considerada por alguns estudiosos "a maior operação logística do século XX", a **Batalha da Normandia**, em 6 de junho de 1944, com o nome de código de "*Operação Overlord*", foi a invasão das forças dos Estados Unidos, Reino Unido e demais aliados na França ocupada pelos alemães na Segunda Guerra Mundial. Do mar, 600 navios de guerra abriram baterias contra as linhas de defesa. Do alto, despencavam toneladas de bombas dos 10 mil aviões que participavam da operação.

Naquela data, 155 mil homens dos exércitos dos Estados Unidos, Grã-Bretanha e Canadá lançaram-se nas praias da Normandia, região da França atlântica, dando início à libertação europeia do domínio do nazismo. A invasão da Normandia começa com a chegada de paraquedistas na noite anterior, maciços bombardeios aéreos e navais, e um assalto anfíbio pela manhã. Os exércitos, divididos com suas tarefas, tinham como objetivo as praias de codinome **Omaha**, **Utah**, para os americanos; **Juno**, **Gold**, **Sword** para os anglo-canadenses.

Para o desembarque de tropas e equipamentos, a divisão logística do exército aliado projetou a construção de dois portos (Figura 2.3 e 2.4). Essa operação teve o codinome de Mulberry e o grupo encarregado de construir, transportar e montar era o dos Seabeans (unidade de megatransportadores da Marinha dos EUA).

Figura 2.3 e 2.4 - Operação Mulberry: portos e cais flutuantes, 1944.

As forças aliadas que desembarcaram na Normandia foram transportados por uma frota de 14.200 barcos, figura 2.5, protegida por 600 navios de guerra e milhares de aviões, asseguraram uma sólida cabeça de praia no litoral francês e dali, partiram para expulsar os nazistas de Paris e, em seguida, marchar em direção à fronteira da Alemanha.

Figura 2.5 - Desembarque na Normandia em junho de 1944.

Vo Nguyen Giap

Em 7 de maio de 1954, o exército colonial francês sofreu uma derrota histórica no Vietnã. Depois de ficar cercado por mais de cinco meses no vale de Dien Bien Phu, pelas forças dos guerrilheiros do Vietminh (precursores dos Vietcongues, que depois iriam enfrentar os norte-americanos), o alto comando militar francês decidiu render-se ao general vietnamita Vo Nguyen Giap, figura 2.6, que iria tornar-se um dos nomes mais famosos das guerras anticolonialistas e um dos maiores capitães de guerra da história do século XX.

Figura 2.6 - General Giap

O vale de Dien Bien Phu é uma espécie de esquina geográfica situada no noroeste da Indochina, a 500 quilômetros de Hanói, na qual se entrecruzam as fronteiras do Vietnã, do Laos e da China comunista, área por onde passava o apoio logístico às guerrilhas do Vietminh.

O exército francês pôs, então, em execução um enorme deslocamento de tropas, que envolveu o apoio de paraquedistas com o rápido entrincheiramento e fortificação do terreno. O general francês Navarre supôs que os vietnamitas, ao verem os franceses na sua retaguarda, aceitando a provocação, iriam expor-se, sairiam das tocas e viriam de peito aberto atacar o inimigo. Aí, a superioridade bélica dos europeus iria manifestar-se.

Capítulo 2 - Momentos Importantes na História 27

O general Giap montou uma operação de cerco contra os franceses. Milhares de civis – estima-se 250 mil homens e mulheres – foram mobilizados, por dentro das picadas da floresta fechada, a pé ou com bicicletas, para trazerem em cestas ou à mão todo o equipamento e artilharia necessários para formar um laço de fogo ao redor da fortaleza, desta forma, subjugando o exército francês.

Alguns anos depois, o exército norte-americano sofreria a sua maior derrota da história ao enfrentar os vietcongues sob o comando do mesmo general Giap.

Capítulo 3

Evolução da Atividade Logística

"Enquanto os amadores conversam sobre estratégia,
os profissionais discutem a logística."

Ditado militar

30 | Introdução à Logística - O Perfil do Profissional

Por definição, é a ciência que trata da estruturação de um plano especifico de ação. Focando num caráter militar (que é o ponto inicial desta ciência em suas utilizações primárias), é saber como posicionar e controlar as tropas, provisões e armamentos para realizar alianças e estratégias.

Hoje, entretanto, a logística está presente nos mais variados campos de ação humana. Na execução de tarefas, no comando de empresas, no desenvolvimento de equipamentos, a logística faz-se necessária para a prevenção de contratempos, para a execução do plano e para a busca de solução em eventuais problemas ou empecilhos que possam aparecer.

A origem da palavra vem do grego "LOGISTIKOS", do qual o latim "LOGISTICUS" é derivado, ambos significando cálculo e raciocínio no sentido matemático. Alguns autores definem a logística como a capacidade de planejar e prever uma situação antes da execução da mesma.

Para os fins deste livro, vamos, então, centralizar a ideia e o conceito de logística na área empresarial, onde ela é largamente utilizada ou conhecida, que é a área de gestão. As atividades de gestão caracterizam-se pelo planejamento, operação, controle e avaliação dos processos que se referem aos recursos humanos, recursos materiais, patrimônio, produção, sistemas de informações, tributos, finanças e contabilidade.

Porém, a influência da logística e a necessidade de utilização dos conceitos existem em outras áreas, tais como a Engenharia, Medicina, Economia, Arquitetura, policiamento, governo, área de ensino, Agricultura etc.

No caso da administração de uma empresa, a logística abraça todos os níveis da organização. Visualizemos de forma sucinta como ela interfere na vida de uma empresa que a utiliza como ferramenta indispensável para maximizar lucros, reduzir gastos e aperfeiçoar o seu funcionamento.

Fatos Relevantes na Antiguidade

Também conhecida como idade da pedra lascada, no período paleolítico, o homem fabricava utensílios de madeira e pedra, é um período da pré-história que correspondente ao intervalo entre a primeira utilização de utensílios pelo homem (cerca de 2 milhões de anos atrás) e o início do período neolítico (cerca de 10.000 a.C.).

Capítulo 3 - Evolução da Atividade Logística | 31

No período do paleolítico, os homens eram essencialmente caçadores e coletores, isto é, esse hominídeo caçava animais e comia vegetais. Tendo que se deslocar constantemente em busca de alimentos (eram nômades), já utilizavam a casca das árvores e a pele de animais como veículo de transporte (através do arrasto), e supõe-se que nesse período, começa a utilização da tração animal.

Período neolítico (10.000 a 5.000 a.C.) – estima-se que foi neste período em que o homem primitivo utilizou o travois, que era um dispositivo composto de duas varas de madeira cruzadas e uma peça de couro no centro. A roda ainda não tinha sido inventada e este fato fica evidente com a descoberta da cidade de Çatalhoyuk, como visto na página 7, pois a cidade não possuía ruas.

Cidade de Mohenjo-Daro (cerca de 4.000 a.C.) – casas alinhadas e organizadas em blocos, com ruas definidas, onde se supõe que neste período a roda foi inventada. Fato que fica evidente devido a achados arqueológicos de uma carroça encontrada em um sítio arqueológico em Mohenjo-Daro (figura 3.1).

Figura 3.1 - Réplica de veículo encontrado em escavações arqueológicas na cidade de Mohenjo Daro.
Fonte: Eurico Galhardi

Construção das pirâmides do Egito (cerca de 2.000 a.C.) – a construção das pirâmides demandou um grande planejamento logístico, tanto para abastecer as áreas de produção quanto para transportar as pedras constituintes das pirâmides.

Construção de túneis, pontes e aquedutos na Roma antiga.

Construção dos monumentos na Grécia – O Phaternon exigiu o transporte e a elevação de grandes blocos de pedra.

Fatos Relevantes da História Recente

1492 - O monge franciscano, Lucca Pacioli, publicou, na cidade italiana de Santo Sepolcro, o livro "Análise Aritmética das Proporções e das Proporcionalidades", no qual lançava o método das partidas dobradas, o princípio contábil, onde o lançamento em crédito em uma conta faz com que surja outra conta, sendo demonstrado o mesmo valor a débito.

1670 - Um conselheiro do rei Luís XIV sugeriu a criação de uma nova estrutura de suporte para solucionar os crescentes problemas administrativos experimentados pelo novo exército desenvolvido a partir do caos medieval.

1836 - O barão Antoine Henri Jomini, baseado em suas experiências vividas em campanhas de guerra ao lado de Napoleão, escreveu o "Sumário da Arte da Guerra". Segundo Jomini, a logística não se limitava apenas aos mecanismos de transporte, mas também ao suporte, preparativos administrativos, reconhecimentos e inteligência, envolvidos na movimentação e na sustentação das forças militares.

1869 – É fundada a primeira instituição contábil no Brasil, os guarda-livros da corte.

1901 - A logística é examinada pela primeira vez sob o prisma acadêmico no início do seculo XX através de um artigo de John Crowell, *Report of the Industrial Commission on the Distribution of Farm Products*, tratando dos custos e dos fatores que afetavam a distribuição dos produtos agrícolas.

1916 - Arch Shaw, em seu artigo *An Approach to Business Problems*, aborda os aspectos estratégicos da logística; no mesmo ano, L.D.H. Weld introduziu os conceitos de utilidade de momento, lugar, posse e canais de distribuição.

1925 - Podem-se encontrar citações de que a paletização começou nos Estados Unidos em 1925, bem como, no norte da Europa.

1927 - Ralph Borsodi, em sua obra *The Distribution Age*, define o termo logística conforme utilizado até hoje.

Capítulo 3 - Evolução da Atividade Logística | **33**

1939 - 1945 - Com a Segunda Guerra Mundial, a logística tem um impulso em evolução e refinamento. Nesse período, foi introduzido o palete para armazenagem e transporte em grande escala, sendo considerado como um dispositivo de distribuição intermodal, pela "USA-FORCE", durante a Segunda Guerra Mundial, que utilizou 6.000 empilhadeiras e 6 milhões de paletes. A esse período, é também creditada a invenção do contêiner (primeiramente, como hospital de campo).

Década de 50 - As empresas começam a enfatizar a satisfação do cliente no lucro. O Serviço ao Cliente torna-se, mais tarde, a pedra fundamental da administração da logística. O contêiner migra da área militar para a logística empresarial e começa a ser utilizado em larga escala.

1956 - Um artigo publicado pela Harvard Business School introduz o conceito de análise do custo total na área de logística.

Década de 60 - O Japão surpreende o mundo com a filosofia JIT e outras ferramentas desconhecidas como Kanban, Kaizem e Poka Yoke.

Início dos anos 60 - a Michigan State University e a The Ohio State University são as primeiras faculdades a ministrar cursos de graduação em logística, devidamente reconhecidos pelo governo americano.

1960 – Inicio da Logística Integrada com o surgimento na Bosch, GE e Westinghouse Eletric Company do sistema MRP (Material Resources Planning).

1963 - Criado o *National Council of Physical Distribution Management*, mais tarde mudado para *Council of Logistics Management - CLM*, a primeira organização a congregar profissionais de logística em todas as áreas com o propósito de educação e treinamento.

1965 – Surge o MRP II (Manufacturing Resources Planning).

1973 – Fred Smith cria o conceito de entrega expressa utilizando um Hub port, isto é, a centralização das cargas em um ponto para triagem. Surge a FedEx.

1976 - É publicado um estudo do CLM identificando os componentes do custo de manutenção dos estoques e apresentando uma metodologia para o seu cálculo.

1978 - A consultoria A. T. Kearney e o CLM publicam um estudo denominado *Measuring Productivity in Physical Distribution*, a primeira avaliação completa do estado de arte da atividade de Serviço ao Cliente nas empresas americanas.

Década 80 - Intensificação na utilização de computadores na logística. Um artigo publicado por Graham Sharman, intitulado *The Rediscovery of Logistics*, aponta a necessidade de a alta administração reconhecer a importância da administração logística. Ocorre a publicação do relatório "nosso futuro comum", responsável pelos primeiros conceitos sobre o desenvolvimento sustentável.

1980 – Surge o sistema ERP (Enterprise Resources Planning), que integra todos os departamentos de uma empresa.

Década 90 - Formação de mercados globais (MCE, NAFTA, Mercosul etc.)

No Brasil

A história da logística empresarial no Brasil é ainda muito recente e podem ser destacados os fatos organizados nos seguintes períodos:

Até os anos 60

- Desconhecimento do termo e da abrangência da logística fora da área militar.

- Início da utilização do contêiner no Brasil.

Anos 70

- A informática ainda era um mistério, com custo elevado e de domínio restrito.

- Iniciativas no setor de energia e automobilístico, principalmente nas áreas de gestão, movimentação, armazenagem e distribuição de peças e componentes em função da complexidade na montagem de um automóvel, que envolvia mais de 20.000 diferentes SKUs para cada modelo.

- Fora do segmento automobilístico, o setor de energia elétrica definia normas para a embalagem, armazenagem e transporte de materiais

- Em 1977, são criadas a ABAM - Associação Brasileira de Administração de Materiais, e a ABMM - Associação Brasileira de Movimentação de Materiais, que não se relacionavam e nada tinham de sinérgico.

- Em 1979, é criado o IMAM - Instituto de Movimentação e Armazenagem de Materiais.

Anos 80

- Popularização do uso do contêiner e registra-se a inauguração do Terminal de Contêineres da Margem Esquerda do Porto de Santos (Tecon).

- Surge o primeiro grupo de Estudos de Logística, criando as primeiras definições e diretrizes para diferenciar os transportes de distribuição da logística.

- Em 1982, é trazido do Japão o primeiro sistema moderno de logística integrada, o JIT - Just in Time, e o KANBAN, desenvolvidos pela Toyota.

- Em 1984, é criado o primeiro Grupo de *Benchmarking* em Logística.

- Em 1984, a ABRAS - Associação Brasileira de Supermercados, cria um departamento de logística para discutir e analisar as relações entre fornecedores e supermercados.

- É criado o Palete Padrão Brasileiro, conhecido como PBR, e o projeto do Veículo Urbano de Carga – VUC.

- Em 1988, é criada a ASLOG - Associação Brasileira de Logística.

- Instalação do primeiro Operador Logístico no Brasil (Brasildock's).

Anos 90

- Estabilização da economia a partir de 1994 com o Plano Real e foco na administração dos custos.

- Evolução da microinformática e da Tecnologia de Informação, com o desenvolvimento de software para o gerenciamento de armazéns, como, por exemplo, o WMS - *Warehouse Management System*, códigos de barras e sistemas para roteirização de entregas.

- Entrada de operadores logísticos internacionais (Ryder, Danzas, Penske, TNT, McLane, Exel e outros) e desenvolvimento de mais de 50 empresas nacionais.

Introdução à Logística - O Perfil do Profissional

- Início da privatização de rodovias, portos, telecomunicações, ferrovias e terminais de contêineres.

- Investimentos em monitoramento de cargas.
- Ascensão do e-commerce.

- Desenvolvimento do código de barras.

- Desenvolvimento da capacitação profissional em logística com a criação de cursos de especialização e mestrado em logística.

Anos 2000

- Desenvolvimento do RFID.

- Ascensão da capacitação profissional em logística com a criação de cursos de nível básico, técnico e superior em logística.

- Ascensão da logística reversa

- Ascensão do Lean logística

- Ascensão da logística verde

- Ascensão da gestão sustentável da cadeia de suprimento

Módulo Específico 1

- CARACTERÍSTICAS EDUCACIONAIS -

É hora de se preparar para o mercado de trabalho globalizado. A profissionalização em logística é uma qualificação que atende à formação para o desempenho de ocupações específicas é o primeiro passo para você se tornar um profissional de sucesso!

O ingresso em uma instituição de ensino técnico faz parte de um mundo novo, uma nova experiência para aqueles que terminam o Ensino Médio e sonham em cursar o ensino técnico ou superior com o intuito de, futuramente, poder exercer uma profissão. Porém, antes de concluir essa trajetória, é preciso ter em mente que, ao entrar em uma instituição de ensino técnico, o aluno irá deparar-se com conteúdos nunca vistos e com metodologias de ensino diferentes da que estavam acostumadas em escolas básicas.

Quando se focaliza o ensino técnico profissionalizante, observa-se uma mudança de padrão de aprendizagem, já que há alteração no estilo pedagógico do professor como também do aluno em relação à aprendizagem. Aquele aluno que desenvolve o raciocínio lógico-dedutivo com melhor eficiência, com certeza, terá uma maior facilidade em assimilar os conteúdos ministrados.

Capítulo 4

Requisitos Educacionais

"Se você me disser, eu escutarei. Se você me mostrar, eu verei. Mas, se me permitir viver a experiência, eu aprenderei."

Lao Tsé, século V a.C.

Os requisitos educacionais desejáveis para compor o perfil do profissional da logística devem estar de acordo com a atividade que ele vai desempenhar e o nível de responsabilidade que irá assumir. Os diversos níveis de escolaridade são apresentados a seguir:

- Profissional com escolaridade básica

- Profissional com escolaridade intermediária

- Profissional com formação secundária profissionalizante

- Profissional técnico

- Profissional graduado

- Profissional com pós-graduação

- Profissional graduado

- Profissional com pós-graduação

Requisitos Educacionais Necessários para o bom Desempenho Profissional

Profissional com Escolaridade Básica

O profissional que alcançar um nível de escolaridade básica estará apto a desempenhar as funções de auxiliar de serviços gerais e ajudante de carga.

Requisitos educacionais para o cargo de ajudante

Varia com o tamanho da empresa. Grandes atacadistas e distribuidores preferem profissionais com curso básico e conhecimento em movimentação e arrumação das cargas específicos do seu ramo de atividades. Muitas empresas industriais enfatizam o curso em movimentação e arrumação de cargas, o básico em segurança e requerem ainda o ensino básico completo. O pleno desempenho das atividades ocorre após três a quatro meses na atividade. As melhores oportunidades surgem para aqueles com curso médio, com alguma qualificação em logística e curso de operador de ponte rolante e/ou empilhadeira.

Requisitos educacionais

O profissional que alcançar um nível de escolaridade básica estará apto também a desempenhar as funções de ajudante de cargas.

A escolaridade mínima e a qualificação profissional necessárias para que o ajudante de cargas possa exercer esta atividade com um desempenho satisfatório são as seguintes:

- 1° grau completo (mínimo)

- Curso de higiene pessoal e segurança do trabalho (desejável)

- Curso introdutório de qualidade (desejável)

- Curso de arrumação de cargas (obrigatório)

- Curso de amarração de cargas (obrigatório)

- Curso de manuseio de cargas perigosas (desejável)

Profissional com Escolaridade Intermediária

O profissional que alcançar uma escolaridade intermediária estará apto a desempenhar o cargo de almoxarife. O cargo de almoxarife vem demandando profissionais cada vez mais qualificados para o desenvolvimento de trabalhos nas diversas atividades dos almoxarifados. Esse profissional tem por função principal receber, movimentar cargas, preservar, armazenar e expedir todos os materiais utilizados pelas organizações.

Requisitos educacionais

Variam com o tamanho da empresa. Grandes atacadistas e distribuidores preferem profissionais com 2° grau incompleto. Muitas empresas industriais enfatizam o curso básico em logística e requerem Ensino Médio, dependendo

Introdução à Logística - O Perfil do Profissional

da natureza dos produtos recebidos. O pleno desempenho das atividades ocorre após um ano. As melhores oportunidades surgem para aqueles com curso básico em logística ou de conferência de recebimento.

Escolaridade mínima para exercer o cargo de almoxarife

A escolaridade mínima e a qualificação profissional necessárias para que o almoxarife possa exercer esta atividade com um desempenho satisfatório são as seguintes:

- Estar cursando o 2° grau (mínimo)

- Curso básico de almoxarife (obrigatório)

- Curso de operação de empilhadeira, ponte rolante, deve possuir CNH, (desejável)

- Curso de movimentação de carga (obrigatório)

- Curso de amarração de cargas (obrigatório)

- Curso de relacionamento interpessoal (desejável)

- Curso introdutório de qualidade (obrigatório)

- Curso de manuseio de cargas perigosas (desejável)

- Curso de informática básica (desejável)

Profissional com Formação Secundária Profissionalizante

O profissional que alcançar o 2° grau completo e qualquer formação técnica estará apto a desempenhar as funções de assistente de suprimento. Esta função vem demandando profissionais cada vez mais qualificados para o desenvolvimento de trabalhos nas diversas atividades dos almoxarifados. Esse profissional tem por função principal receber, movimentar cargas, conferir, preservar, armazenar, expedir e movimentar todos os materiais utilizados pelas organizações e também deve assumir funções administrativas, tais como faturista, fiscal de frota etc.

Requisitos de acesso aos cursos profissionalizantes

Para ter acesso ao curso de educação profissional do nível médio em logística, o interessado deverá:

- Ter concluído o Ensino Médio

- Escolher escola com cursos profissionalizantes

Escolaridade mínima para exercer as funções de assistente de suprimento

A escolaridade mínima e a qualificação profissional necessárias para que o assistente de suprimento possa exercer esta atividade com um desempenho satisfatório são as seguintes:

- 2° grau completo (mínimo)

- Curso básico de almoxarife (obrigatório)

- Curso de operação de empilhadeira, ponte rolante, deve possuir CNH, (obrigatório)

- Curso de movimentação de carga (obrigatório)

- Curso de amarração de cargas (obrigatório)

- Curso de relacionamento interpessoal (desejável)

- Curso de higiene pessoal e segurança do trabalho (obrigatório)

- Curso introdutório de qualidade (obrigatório)

- Curso de manuseio de cargas perigosas (obrigatório)

- Curso de informática básica (obrigatório)

- Curso de contabilidade básica (desejável)

Profissional com Formação Técnica Profissional

O objetivo é contribuir para a formação de um profissional que, além das competências gerais apoiadas em bases científicas e tecnológicas, possa desenvolver valores humanos, tais como: criatividade, autonomia intelectual, iniciativa, pensamento crítico, liberdade de expressão, respeito pela vida para que possa perceber na realização do seu trabalho, uma forma concreta de cidadania.

Requisitos de acesso aos cursos técnicos

Para ter acesso aos cursos de educação profissional técnica, em especial os cursos técnicos em logística, o interessado deverá:

- Ter concluído o Ensino Médio ou estar cursando, devendo concluí-lo até o final do curso técnico, sob pena de não poder receber o Diploma de Habilitação Técnica em Logística.

- Ter sido classificado/aprovado em um processo seletivo para o curso técnico.

- Ter disponibilidade de tempo para a realização de estágio curricular e para eventuais aulas práticas ou visitas técnicas nas empresas.

Escolaridade mínima para exercer o cargo de técnico em logística

A escolaridade mínima e a qualificação profissional necessárias para que o técnico de logística possa exercer esta atividade com um desempenho satisfatório são as seguintes:

- 2° grau completo (obrigatório)

- Curso técnico em logística (obrigatório)

- Curso de operação de empilhadeira, ponte rolante, deve possuir CNH, (obrigatório)

- Curso de movimentação de carga (obrigatório)

- Curso de amarração de cargas (obrigatório)

- Curso de relacionamento interpessoal (obrigatório)

- Curso de higiene pessoal e segurança do trabalho (obrigatório)

- Curso introdutório de qualidade (obrigatório)

- Curso de manuseio de cargas perigosas (obrigatório)

- Curso de informática básica (obrigatório)

- Inglês básico (desejável)

- Curso de contabilidade básica (desejável)

- Curso de negociação (desejável)

Requisitos educacionais

Variam com o tamanho da empresa. Grandes atacadistas e distribuidores preferem profissionais com curso técnico especializado. Muitas empresas industriais enfatizam que o técnico esteja cursando um curso superior em logística. O pleno desempenho das atividades ocorre após três a quatro anos. As melhores oportunidades surgem para aqueles com curso técnico em logística com superior em curso.

Profissional Graduado

Os cursos de graduação superior (graduação tecnológica e/ou bacharelado) têm como objetivo específico desenvolver profissionais com competências relacionadas à análise, identificação e exploração de gargalos, compreendendo as fases de planejamento, monitoramento, análise de resultados e identificação das possíveis correções dos processos logísticos, sendo, também, capazes de analisar o impacto das suas ações na segurança e na saúde coletiva, no meio ambiente, nos processos de negócios da empresa e na cadeia produtiva, desenvolvendo um pensamento ecológico e de preservação do meio ambiente, objetivando o menor impacto que a atividade logística pode provocar no meio ambiente.

Os cursos de graduação tecnológica têm sua origem os anos 60, respaldados pela Lei 4.024/61 e por legislação subsequente, criados para atender a demanda da indústria automobilística. Após quatro décadas de sua criação, ganharam o status de graduação. No parecer CNE/CP 29/2002, o Conselho de Educação reafirma que "os cursos de graduação em tecnologia, por sua vez, são cursos regulares de educação superior, enquadrados no disposto no Inciso II do Artigo 44 da LDB, com diretrizes curriculares nacionais definidas pelo CNE, com foco no domínio e na aplicação de conhecimentos científicos e tecnológicos em áreas específicas do conhecimento."

Requisitos de acesso aos cursos de bacharelado e graduação tecnológica

Para ter acesso ao curso de bacharelado e graduação tecnológica em logística, o interessado deverá:

- Ter concluído o Ensino Médio

- Ter sido classificado/aprovado em um processo seletivo

- Ter disponibilidade de tempo para a realização de estágio curricular e para eventuais aulas práticas ou visitas técnicas nas empresas, e apresentar um trabalho de final de curso - TFC.

Escolaridade mínima para exercer as atividades de um graduado

A escolaridade mínima e a qualificação profissional necessárias para que possa exercer esta atividade com um desempenho satisfatório são as seguintes:

- Graduação tecnológica em logística ou bacharelado (obrigatório)

- Conhecimentos de movimentação de carga (obrigatório)

- Conhecimentos de amarração de cargas (obrigatório)

- Curso de relacionamento interpessoal (obrigatório)

- Curso de higiene pessoal e segurança do trabalho (obrigatório)

- Curso de qualidade (obrigatório)

- Conhecimentos de manuseio de cargas perigosas (obrigatório)

- Curso de informática com domínio do pacote Office (obrigatório)
- Inglês ou outra língua estrangeira (desejável)

- Curso de negociação (desejável)

- Conhecimentos de legislação tributária básica (desejável)

- Especialização em logística, se não possuir a graduação na área (obrigatório)

- Conhecimentos de gestão de projetos (desejável)

Requisitos educacionais

Variam com o tamanho da empresa. Grandes atacadistas e distribuidores preferem profissionais com curso superior completo. Muitas empresas industriais enfatizam o curso superior em logística com especialização em gestão de projetos. O pleno desempenho das atividades ocorre após três a quatro anos. As melhores oportunidades surgem para aqueles com curso superior em logística com especialização. Algumas empresas recrutam pessoas recém-formadas na função de *trainee*.

Profissional com Formação *Lato Sensu* em Logística

As pós-graduações *Lato Sensu* da área de gestão compreendem programas de especialização e incluem os cursos designados como MBA - Master Business. Possuem a duração mínima de 360 horas. Ao final do curso, o aluno obterá certificado, não diploma. São abertas a candidatos diplomados em cursos superiores e que atendam às exigências das instituições de ensino - art. 44, III, Lei nº 9.394/1996. Sendo concebidos para serem cursados por profissionais que desempenham outras atividades simultaneamente. Embora não forneçam um título de mestre ou de doutor, os cursos Lato Sensu oferecidos por escolas de renome são valorizados no mercado de trabalho. Assim, tais cursos tendem a ser mais focados na aplicabilidade prática dos conceitos.

Os cursos de pós-graduação têm como objetivo específico desenvolver nos profissionais que já atuam no mercado de trabalho competências relacionadas à análise, identificação e solução de gargalos, compreendendo as fases de planejamento, monitoramento, análise de resultados e identificação das possíveis correções dos processos logísticos, sendo também capazes de analisar o impacto das suas ações na segurança e na saúde coletiva, no meio ambiente, nos processos de negócios da empresa e na cadeia produtiva, desenvolvendo um pensamento ecológico e de preservação do meio ambiente, objetivando o menor impacto que a atividade logística pode provocar no meio ambiente.

Requisitos de acesso aos cursos de pós-graduação

Para ter acesso ao curso de pós-graduação em logística, o interessado deverá:

- Ter concluído o ensino superior

- Ter sido classificado/aprovado em um processo seletivo

- Ter disponibilidade de tempo para a realização do TFC e de eventuais aulas práticas ou visitas técnicas nas empresas

Profissional com Mestrado e Doutorado

As pós-graduações Stricto Sensu compreendem programas de mestrado e doutorado abertos a candidatos diplomados em cursos superiores de graduação, que atendem às exigências das instituições de ensino e ao edital de seleção dos alunos (art. 44, III, Lei nº 9.394/1996.). Ao final do curso, o aluno obterá diploma.

Os cursos de pós-graduação Stricto Sensu são sujeitos às exigências de autorização, reconhecimento e renovação de reconhecimento previstos na legislação - Resolução CNE/CES nº 1/2001, alterada pela Resolução CNE/CES nº 24/2002. A estrutura diretiva dos cursos Stricto Sensu prevê a existência de linhas de pesquisa apoiadas por grupo de pesquisa, com representantes das diferentes áreas tecnológicas e a área de relações com o mercado. Esses grupos de pesquisa identificam oportunidades de articulação com o segmento produtivo e as fontes de fomento visando o desenvolvimento de projetos de pesquisa aplicada. As coordenações dos mestrados e doutora-

Capítulo 4 - Requisitos Educacionais | 51

dos devem promover a inserção dos alunos nas atividades de pesquisa aplicada desenvolvida nos setores produtivos.

Os projetos de pesquisa aplicada a serem desenvolvidos deverão ser coordenados por especialistas da área em questão e devem possuir as seguintes características:

I – coerência técnica, tecnológica e científica

II – natureza de desenvolvimento tecnológico

III – importância econômica e social

IV – difusão de conhecimentos tecnológicos, científicos e culturais

V – relação com os interesses econômicos e sociais da região

VI – integração do ensino com a pesquisa e seu desenvolvimento

A coordenação da pós-graduação deverá incentivar a pesquisa e o desenvolvimento tecnológico por meio das seguintes alternativas:

I – obtenção de bolsas especiais nas instituições de fomento

II - participação de redes cooperativas

III – viabilização de intercâmbio com outras instituições científicas e tecnológicas

Capítulo 5

O Ensino da Logística no Brasil

"Educação é o que resta depois de ter esquecido tudo que se aprendeu na escola."

Albert Einstein

54 | Introdução à Logística - O Perfil do Profissional

O ensino da logística no Brasil abrange desde o nível básico até a pós-graduação. Os cursos que mais qualificam (em número de pessoas) são os cursos técnicos em logística, ofertados por escolas técnicas tradicionais. Já as faculdades, Centros Universitários e Universidades, com os cursos de graduação tecnológica e os cursos de pós-graduação, formam uma boa quantidade de profissionais.

Conforme referências curriculares da área profissional de gestão, a área técnica de logística, por sua própria natureza de atividade-meio, está presente em todas as atividades econômicas. Pode-se dizer, de forma genérica, que essas atividades estão direcionadas à oferta de apoio e suporte administrativo e logístico a todas as atividades produtivas em qualquer que seja o setor econômico no qual elas se desenvolvem. A área de logística tem a responsabilidade de coordenar processos de abastecimento à produção, expedição, transporte e distribuição ao varejo e a consumidores. Entretanto, deve ser lembrado que a área de logística tem uma ligação muito forte com a área financeira, pois tem a responsabilidade de administrar recursos de forma eficiente e eficaz, e também uma ligação com a área comercial, pois é a logística que administra os novos recursos provenientes de aquisições do setor de compras e atende as necessidades dos clientes de acordo com a demanda do setor de vendas.

A atividade logística compreende atividades de administração, apoio e suporte logístico à produção e à prestação de serviços em qualquer setor econômico e em todas as organizações, públicas ou privadas, de todos os portes e ramos de atuação.

O ensino da atividade logística no Brasil abrange desde treinamento de qualificação profissional até a pós-graduação.

Padrão de Matriz Curricular para os Diversos Níveis de Ensino da Logística

Os cursos mais ofertados para a área logística são divididos em dois blocos, ou seja, cursos regulamentados e não regulamentados, conforme apresentado a seguir:

1. Cursos não regulamentados

- Qualificação profissional de curta duração

- Preparação de ajudante de carga

- Formação de almoxarife

- Assistente de suprimento

- Formação de comprador

- Formação de analista de suprimento

- Curso de especialização

- Outros

2. Cursos regulamentados

- Formação técnica em logística

- Graduação tecnológica em logística

- Bacharelado

- Pós-graduação

Cursos não Regulamentados

A função básica destes cursos é de qualificar profissionais ou futuros profissionais em áreas específicas. São cursos ofertados por diversas instituições, associações de classe, empresas de consultoria e instituições de ensino superior. A característica principal desses cursos é que eles não conferem um diploma reconhecido, pois não seguem nenhuma norma regulamentadora e fiscalização dos órgãos oficiais de ensino (Secretarias de Educação, MEC, CAPES etc.), porém, são reconhecidos pelo mercado. A seguir serão detalhados os principais cursos ofertados nessa categoria.

Cursos de Qualificação Profissional em Logística

São programas customizados e fechados para as empresas ou abertos para a comunidade, de curta duração, para atender necessidades específicas de requalificação profissional atendendo demandas gerais do mundo do trabalho nas diversas áreas tecnológicas. Estes cursos não conferem titulação e não são reconhecidos pelo MEC, porém, são reconhecidos pelo mercado de trabalho e conferem certificados.

Objetivos dos Cursos Qualificação em Logística

Contribuir para a qualificação do profissional que já atua no mercado e que procura reciclagem do conhecimento, apoiado em bases científicas e tecnológicas e que possa desenvolver ou estimular competências, tais como: criatividade, iniciativa, respeito pelo meio ambiente para que possa perceber na realização do seu trabalho uma forma concreta de cidadania.

Requisitos de Acesso aos Cursos de Qualificação em Logística

Para ter acesso aos cursos de qualificação profissional em logística, o interessado deverá:

- Ter concluído o Ensino Médio ou estar cursando.

- Ter disponibilidade de tempo para a realização de eventuais aulas práticas ou visitas técnicas nas empresas.

A seguir serão apresentados os cursos não regulamentados mais conhecidos de qualificação profissional de curta duração:

- Preparação de ajudante de carga

- Formação de almoxarife

- Assistente de suprimento

- Formação de comprador

- Formação de analista de suprimento

- Curso de especialização

Preparação de Ajudante de Carga

São cursos ofertados para pessoas que só possuem formação escolar básica e irão atuar em indústrias, transportadoras, almoxarifados, CDs, operadores logísticos ou terminais de integração. A carga horária fica por conta da instituição ofertante e a matriz curricular dos cursos de preparação de ajudante de carga é montada de uma maneira muito próxima ao modelo apresentado a seguir:

1. Introdução à Logística
2. Higiene e Segurança do Trabalho
3. Introdução à Qualidade
4. Abertura e Fechamento de Embalagens
5. Acessórios e Sistemas de Amarração de Cargas
6. Operação de Equipamentos Manuais
7. Mov. e Armazenagem de Materiais

Introdução à Logística
Proporcionar uma visão inovadora da logística, apresentando conceitos, fundamentos, perfil da profissão, bem como uma avaliação do atual nível das oportunidades de trabalho.

Higiene Industrial e Segurança do Trabalho
Noções de segurança industrial. Legislação. Conceitos de higiene e saúde ocupacional. Estabilidade de cargas. Acidentes de trabalho. Como se forma o incêndio, técnicas de prevenção. Segurança anti-incêndio na logística. Plano de emergência.

Introdução à Qualidade
Apresenta os conceitos e as ferramentas básicas da qualidade necessários para o ótimo funcionamento das redes logísticas.

Abertura e Fechamento de Embalagens
A disciplina apresenta a definição de embalagem e os diversos sistemas de embalagem utilizados pelos diversos modais de transportes.

Acessórios e Sistemas de Amarração de Cargas
Apresenta os acessórios de amarração de carga. Por meio da análise de casos reais, propicia uma visão dos métodos e dos sistemas de amarração de cargas. Análise de casos e falhas a serem evitadas.

Operação de Equipamentos Manuais

Apresenta os conceitos e as práticas operacionais necessários para o ótimo funcionamento dos equipamentos utilizados na atividade logística.

Movimentação e Armazenagem

A disciplina que apresenta os diversos tipos de sistemas de armazenagem utilizados para o armazenamento dos mais diversos tipos de materiais, estando eles nos estados sólidos, líquidos, gasosos ou pastosos.

Cursos de Formação de Almoxarife

O curso de preparação de almoxarife atua de forma presencial e tem duração média de 150 horas. A realização de visitas técnicas sempre deve ser realizada nos turnos matutinos ou vespertinos, visto que estas envolvem equipamentos e áreas operacionais nas quais não se permite o acesso nos horários noturnos.

A matriz curricular dos cursos técnicos de preparação de almoxarife é montada de uma maneira muito próxima do modelo apresentado a seguir:

1. Informática Básica
2. Português
3. Matemática Aplicada
4. Introdução à Logística
5. Higiene e Segurança do Trabalho
6. Introdução à Qualidade
7. Preservação de Materiais
8. Operação de Equipamentos (motorizados e manuais)
9. Acessórios e Sistemas de Amarração e Elevação de Cargas
10. Mov. e Armazenagem de Materiais
11. Inspeção de Acessório, Equipamento de Movimentação e Elevação de Carga

Informática Básica

Proporciona uma visão dos diversos tipos de software e hardware aplicados na atividade logística (suprimentos, produção e distribuição), bem como uma avaliação do atual nível dos serviços logísticos.

Matemática Aplicada

Proporciona uma revisão da teoria básica da Matemática e sua aplicação na solução de problemas logísticos.

Preservação de Materiais

Analisa os diversos tipos de materiais. Nesta disciplina, casos e ferramentas inovadores serão analisados para a preservação dos estoques, como também os diversos materiais e equipamentos usados na preservação.

Acessórios e Sistemas de Amarração e Elevação de Cargas

Por meio da análise de casos reais, propicia uma visão dos métodos e sistemas de amarração e elevação de cargas. Análise de casos e falhas a serem evitadas.

Inspeção de Acessório, Equipamento de Movimentação e Elevação de Carga

Por meio de práticas de inspeção, conferência e análise de casos reais, propicia uma atuação técnica na operação e na movimentação de cargas com segurança.

Cursos de Formação de Assistente de Suprimento

Os cursos de preparação de assistente de suprimento atuam de forma presencial e tem duração média de 200 dias letivos. A realização de visitas técnicas sempre deve ser realizada nos turnos matutinos ou vespertinos, visto que estas envolvem equipamentos e áreas operacionais nas quais não se permite o acesso nos horários noturnos.

A matriz curricular dos cursos técnicos de preparação de assistente de suprimento é montada de uma maneira muito próxima do modelo apresentado a seguir:

1. Informática Básica
2. Redação e Relatório Técnico
3. Inglês Técnico
4. Matemática Aplicada
5. Física Aplicada
6. Relações Interpessoais
7. Introdução à Logística
8. Higiene e Segurança do Trabalho
9. Introdução à Qualidade
10. Metrologia Básica

60 | Introdução à Logística - O Perfil do Profissional

11. Conferência e Recebimento de Materiais
12. Preservação de Materiais
13. Operação de Equipamentos (motorizados e manuais)
14. Mov. e Armazenagem de Materiais
15. Amarração e Elevação de Cargas

Redação e Relatório Técnico
Nesta disciplina, o aluno terá oportunidade de conhecer a estrutura de um relatório técnico e Interpretar textos.

Inglês Técnico
Nesta disciplina, o aluno terá oportunidade de conhecer a estrutura do inglês técnico; interpretar textos e artigos técnicos; identificar fontes para pesquisa; comunicar-se profissionalmente no idioma inglês; elaborar pequenos textos e mensagens técnicas; e ler manuais de operação.

Física Aplicada
A disciplina apresenta os conceitos da Física que são aplicados nos diversos modais de transportes, armazenagem e movimentação de cargas. Esses conhecimentos serão utilizados para otimizar os serviços e reduzir os custos evitando acidentes, além de agregar serviços inovadores aos clientes.

Relações Interpessoais
A disciplina apresenta estrutura e processos organizacionais. O diferencial competitivo das pessoas: capacidades e competências. Desenvolvimento de equipes e grupos de trabalho. Motivação, liderança, inteligência e emoção nas organizações.

Metrologia Básica
A disciplina que apresenta as diversas técnicas de medição a serem utilizadas na conferência e no recebimento de materiais.

Conferência e Recebimento de Materiais
A disciplina apresenta os conceitos e as técnicas mais utilizados na conferência e na inspeção de materiais. Por meio da análise de casos reais, propicia uma visão prática dessa atividade.

Cursos de Especialização em Logística (Pós-graduação *Lato Sensu*)

Os cursos de especialização não são regulamentados, portanto, cabe à instituição de ensino montar e gerir sua matriz conforme a área que pretende atender. A duração das especializações fica em torno de 420 horas aula e prazo de integralização em torno de dois anos (créditos mais apresentação de trabalho de final de curso). O curso de pós-graduação em logística especializa o profissional para a atuação na gestão em ambientes produtivos, integrados com a cadeia de abastecimento, utilizando tecnologias de informação e comunicação utilizadas mundialmente, capacitando-o para a commpreensão através da análise crítica dos cenários e possibilitando o estabelecimento de soluções.

A matriz curricular dos cursos de especialização em logística é montada de uma maneira muito próxima do modelo apresentado a seguir:

1. Fundamentos de Logística e Gestão da Produção
2. Métodos Quantitativos
3. Compras e Gestão de Estoques
4. Movimentação e Armazenagem de Materiais
5. Logística de Transportes e Distribuição
6. Gestão da Cadeia de Suprimentos
7. Logística Internacional
8. Sistemas Produtivos
9. Planejamento, Programação e Controle da Produção
10. Manufatura Integrada
11. Gestão de Custos
12. Pesquisa Operacional
13. Modelagem e Simulação Computacional
14. Gestão de Projetos
15. Atualidades em Logística e Gestão da Produção

Métodos Quantitativos
Apresenta os conceitos básicos da estatística: amostragem, estimação de parâmetros, regressão simples e múltipla, teste de hipóteses. Medidas de tendência central e de dispersão: média, mediana e desvio padrão. Teoria da probabilidade. Distribuições probabilísticas. Interpretação de histogramas.

Compras e Gestão de Estoques

Em um mercado globalizado e altamente competitivo, as empresas precisam de alternativas de fornecedores, velocidade e inovação nas aquisições. A partir da análise do mercado, suas demandas físicas e necessidades intangíveis são definidas no nível dos serviços logísticos adequado ao posicionamento estratégico do negócio. As técnicas de gestão fornecem orientações para as possíveis alianças e parcerias estratégicas.

Atualidades em Logística e Gestão da Produção

Analisando as vendas da empresa de bens ou serviços, podem ser definidos os níveis de estoques necessários à estratégia logística. Nesta disciplina, casos e ferramentas inovadores serão analisados para a gestão dos estoques, produzindo e/ou comprando bens e serviços, inclusive para os casos de demandas de vendas de difícil previsibilidade e lançamentos de novos bens ou serviços.

Logística Internacional

A estratégia logística define os locais dos centros de distribuição e operadores logísticos necessários para o ótimo funcionamento das redes logísticas. O gerenciamento eficaz da distribuição otimiza o uso de equipamentos de transporte no comércio internacional e reduz o custo do frete e outros materiais, além de agregar serviços inovadores aos clientes.

Sistemas Produtivos

A disciplina que apresenta os diversos sistemas de produção. O gerenciamento eficaz da produção otimiza esse tipo de serviço para reduzir o custo, além de agregar produtos inovadores aos clientes.

Gestão de Custos

Definição e principais objetivos. Conceitos de despesa e custo. Classificação (Fixos e Variáveis). Métodos de Custeio (PEPS, UEPS, Custo de Reposição). Formas de alocação de custos por absorção, por departamentalização. Custeio baseado em volume e custeio baseado em atividade.

Modelagem e Simulação Computacional

A Tecnologia da Informação como ferramenta de simulação e criação de modelos. Identifica e conhece as ferramentas de modelagem e simulação de sistemas logísticos. Interpreta modelos de sistemas logísticos. Conhece ferramentas computacionais modernas de modelagem e simulação de sistemas logísticos. Elabora modelagens e simulações de sistemas logísticos. Seleciona a ferramenta computacional de modelagem/simulação mais adequada para cada caso.

Gestão de Projetos
Introdução à gestão de projetos. Estruturas organizacionais para a gestão de projetos. Métodos e técnicas de gestão de projetos: gestão de custos, gestão de suprimentos, gestão dos recursos humanos, gestão do escopo, gestão da qualidade, gestão dos prazos e gestão de riscos.

Cursos Regulamentados

A seguir serão apresentados os programas de cursos regulamentados mais conhecidos:

- Formação técnica em logística

- Graduação tecnológica em logística

- Pós-graduação

Cursos de Formação Técnica em Logística

Conforme recomenda a legislação de educação profissional vigente, o ensino técnico deve ser desenvolvido de forma a contextualizar competências, não havendo, portanto, dissociação entre teoria e prática. O curso técnico de logística atua de forma presencial e tem duração média de 405 dias letivos e 81 semanas. A realização de visitas técnicas sempre deve ser realizada nos turnos matutinos ou vespertinos, visto que estas envolvem equipamentos e áreas operacionais nas quais não se permite o acesso nos horários noturnos.

Este curso confere ao concluinte o título de técnico em logística. A matriz curricular dos cursos técnicos é montada de uma maneira muito próxima do modelo apresentado a seguir:

1. Redação e Relatórios Técnicos
2. Informática
3. Inglês Técnico

Introdução à Logística - O Perfil do Profissional

4. Administração Geral
5. Estatística Básica
6. Introdução à Logística
7. Higiene e Segurança do Trabalho
8. Gestão e Qualidade
9. Administração da Produção I
10. Automação em Logística
11. Custos Logísticos
12. Mov. e Armazenagem de Materiais
13. Transporte e Distribuição Física
14. Relações Interpessoais
15. Direito e Legislação
16. Introdução ao Comércio Exterior
17. Materiais de Construção Mecânica
18. Logística Verde
19. Logística Tributária
20. Administração de Materiais
21. Conferência e Inspeção de Recebimento

Gestão da Cadeia de Suprimento

Proporciona uma visão inovadora da empresa nos seus principais elos e fluxos na rede logística (suprimentos, produção e distribuição), bem como uma avaliação do atual nível dos serviços logísticos percebidos pelos clientes e seus indicadores de performance.

Gestão Estratégica e Logística

Em um mercado globalizado e altamente competitivo, as empresas precisam de adaptabilidade, velocidade e inovação. A partir da análise do mercado, suas demandas físicas e necessidades intangíveis são definidas no nível dos serviços logísticos adequado ao posicionamento estratégico do negócio. As estratégias da logística empresarial devem estar em sinergia com a estratégia corporativa, otimizando o uso dos recursos estratégicos e fornecendo orientações para as possíveis alianças e parcerias estratégicas.

Transportes e Distribuição Física

A disciplina que apresenta os diversos modais de transportes. Define os locais dos centros de distribuição e operadores logísticos necessários para o ótimo funcionamento das redes logísticas. O gerenciamento eficaz dessa atividade otimiza o uso de equipamentos de transporte e reduz o custo do frete e outros materiais, além de agregar serviços inovadores aos clientes.

Direito e Legislação
Por meio da análise de casos reais, propicia uma visão interna da empresa integrada à visão externa do ambiente onde atua. A análise de casos evidencia os fatores críticos de sucesso e as falhas a serem evitadas. Discussão dos desafios legais nas empresas para a implementação do conceito e da prática do direito.

Logística da Manutenção
A disciplina apresenta a logística da manutenção como uma vertente da logística empresarial com base em uma perspectiva científica que envolve a aplicação de técnicas de Engenharia da manutenção e a análise quantitativa, com a concepção de infundir conceitos de manutenção na área da logística.

Gestão de Projetos Logísticos
Introdução à gestão de projetos. Estruturas organizacionais para a gestão de projetos. Métodos e técnicas de gestão de projetos: gestão de custos, gestão de suprimentos, gestão dos recursos humanos, gestão do escopo, gestão da qualidade, gestão dos prazos e gestão de riscos.

Conferência e Inspeção de Recebimento
A disciplina que apresenta os diversos modelos de procedimentos para a conferência e a inspeção de recebimento dos materiais. O gerenciamento eficaz da conferência e da inspeção de recebimento otimizam este serviço e reduzem o custo logístico total, além de agregar serviços inovadores aos clientes.

Logística Verde
Conceitos, visão geral sobre as questões ambiental, urbana e industrial, suas inter-relações e influência na qualidade de vida da população. O uso da tecnologia na logística e os impactos com o meio ambiente. Emissões de GEE (dióxido de carbono, metano, óxido nitroso, entre outros), o protocolo de Kyoto e seus impactos na logística. Implementação conjunta (join implementention), comércio de emissões (emission trading) e mecanismo de desenvolvimento de tecnologia verde na atividade logística.

Cursos de Graduação Tecnológica em Logística

O curso de graduação tecnológica de logística atua de forma presencial e tem duração mínima de 1600 h com 100 dias letivos por semestre e o aluno ao final do curso tem que apresentar um trabalho de conclusão de curso, já o estágio curricular não mais é obrigatório.

Os cursos de graduação tecnológica conferem ao concluinte o título de tecnólogo em logística, podendo ainda cursar pós-graduação *Lato Sensu* e *Stricto Sensu*. A matriz curricular dos cursos de graduação tecnológica é montada de uma maneira muito próxima do modelo apresentado a seguir:

1. Introdução à Lógica
2. Introdução à Logística
3. Redação e Relatórios Técnicos
4. Administração Geral
5. Fundamentos de Estatística
6. Matemática Financeira
7. Contabilidade Geral
8. Gestão de Compras
9. Elementos de Marketing
10. Sistemas de Manufatura
11. Met. da Pesquisa Científica
12. Fundamentos de Economia
13. Relações Humanas no Trabalho
14. Gestão da Qualidade
15. Sistemas de Informação I
16. Administração de Estoques
17. Controle Estatístico do Processo
18. Pesquisa Operacional
19. Distribuição Física
20. Inspeção de Recebimento
21. Preservação de Materiais
22. Sist. de Movimentação e Armazenagem
23. Gestão de Transportes
24. Custos Logísticos
25. Sistema de Informação II
26. Direito e Legislação
27. Comércio Exterior
28. Planejamento e Controle da Produção
29. Hig. Industrial e Seg. Trabalho

Capítulo 5 - Ensino da Logística no Brasil | 67

30. Gestão Estratégica e Logística
31. Gestão de Projetos Logísticos
32. Logística Verde
33. Gestão da Cadeia de Suprimento
34. Empreendedorismo
35. Logística da Manutenção

Gestão da Cadeia de Suprimento
Proporciona uma visão inovadora da cadeia de suprimento nos seus principais elos e fluxos na rede logística (suprimentos, produção, distribuição etc.), bem como uma avaliação do atual nível dos serviços logísticos percebidos pelos clientes e seus indicadores de performance.

Gestão Estratégica e Logística
Em um mercado globalizado e altamente competitivo, as empresas precisam de adaptabilidade, velocidade e inovação. A partir da análise do mercado, suas demandas físicas e necessidades intangíveis, são definidas estratégias logísticas adequadas ao posicionamento estratégico do negócio. As estratégias da logística empresarial devem estar em sinergia com a estratégia corporativa, otimizando o uso dos recursos estratégicos e fornecendo orientações para as possíveis alianças e parcerias estratégicas.

Administração de Estoques
Analisando as vendas da empresa de bens ou serviços, podem ser definidos os níveis de estoques necessários à estratégia de negócio. Nesta disciplina, casos e ferramentas inovadores serão analisados para a gestão dos estoques, produzindo e/ou comprando bens e serviços, inclusive para casos de demandas de vendas de difícil previsibilidade e lançamentos de novos bens ou serviços.

Distribuição Física
A estratégia logística define os locais dos centros de distribuição e operadores logísticos necessários para o ótimo funcionamento das redes logísticas. O gerenciamento eficaz da distribuição otimiza o uso de equipamentos de transporte e reduz o custo do frete e outros materiais, além de agregar serviços inovadores aos clientes.

Gestão dos Transportes
A disciplina que apresenta os diversos modais de transportes. O gerenciamento eficaz dos transportes otimiza esse tipo de serviço e reduz o custo do frete, além de agregar serviços inovadores aos clientes.

Redes Colaborativas

Por meio da análise de casos reais, propicia uma visão interna da empresa integrada à visão externa do ambiente onde atua. A análise de casos evidencia os fatores críticos de sucesso e as falhas a serem evitadas. Discussão dos desafios culturais nas empresas para a implementação do conceito e da prática das redes logísticas colaborativas, bem como análise das etapas de integração e da filosofia inovadora e colaborativa aplicada às redes logísticas.

Logística da Manutenção

A disciplina que apresenta os diversos modelos de colaboração entre a logística e a manutenção. O gerenciamento eficaz da logística para a manutenção otimiza esse tipo de serviço e reduz o custo de produção, além de agregar serviços inovadores aos clientes.

Cursos de Pós-Graduação *Stricto Sensu*

As pós-graduações *Stricto Sensu* compreendem programas de mestrado e doutorado abertos a candidatos diplomados em cursos superiores de graduação e que atendem às exigências das instituições de ensino e ao edital de seleção dos alunos (art. 44, III, Lei nº 9.394/1996.). Ao final do curso, o aluno obterá diploma.

Os cursos de pós-graduação *Stricto Sensu* são regulamentados pela Capes – Conselho de Pesquisa do Ensino Superior - portanto, cabe à instituição de ensino montar e gerir sua matriz conforme a legislação vigente. A elaboração da matriz curricular leva em consideração as linhas de pesquisa da instituição promotora. A duração das pós-graduações vai de acordo com a legislação vigente. Os cursos de pós-graduação *Stricto Sensu* só terão validade se forem reconhecidos pela Capes.

Os cursos de pós-graduação *Stricto Sensu* são sujeitos às exigências de autorização, reconhecimento e renovação de reconhecimento previsto na legislação - Resolução CNE/CES nº 1/2001, alterada pela Resolução CNE/CES nº 24/2002.

Capítulo 6

Perfil de Conclusão e Atribuições Básicas

"Todos os seres derivam de outros seres mais antigos por transformações sucessivas."

Anaximandro de Mileto - 610 a 546 a.C.
Sua teoria esperou quase 25 séculos até ser confirmada por Darwin e que ainda hoje não é totalmente aceita.

Para a definição do perfil profissional de conclusão dos cursos profissionalizantes de logística, devem ser consideradas, além da Classificação Brasileira de Ocupações – CBO - as disposições da Resolução dos Conselhos Estadual e Nacional de Educação. A seguir são apresentados os perfis profissionais de conclusão para os profissionais que irão exercer a atividade logística, conforme os seguintes níveis de escolaridade:

- Nível básico

- Nível intermediário

- Nível médio

- Nível técnico

- Graduação

- Pós-graduação

Perfil Profissional do Egresso dos Cursos de Nível Básico

Os cursos profissionalizantes de logística no nível básico mais comum são de preparação de profissionais para as seguintes funções:

- Auxiliar de serviços gerais

- Ajudante de carga e descarga

Perfil do egresso dos cursos profissionalizantes de serviços gerais

O egresso destes cursos profissionalizantes é um profissional que estará apto para exercer as seguintes atividades:

- Atuar no recebimento de materiais (limpeza de área)

- Atuar na preservação dos materiais

Capítulo 6 - Perfil de Conclusão e Atribuições Básicas | 71

- Atuar na limpeza dos materiais armazenados

- Auxiliar na realização de inventários (limpeza de material)

- Atuar na expedição (recolher e classificar embalagens)

- Atuar na amarração e na movimentação de cargas

- Atuar no processo de alienação de materiais (limpeza dos materiais que irão compor os lotes).

Oportunidades de ascensão profissional

O profissional que exerce a função de auxiliar de serviços gerais pode ascender profissionalmente conforme os seguintes cargos relativos à carreira da área de suprimento:

- Ajudante de Carga

- Almoxarife (I, II e III)

- Assistente de Suprimento (I, II e III)

- Técnico de Suprimento (I, II e III)

- Profissional de Nível Superior (Júnior, pleno e sênior)

Perfil do egresso dos cursos profissionalizantes de ajudante de cargas

O egresso destes cursos profissionalizantes é um profissional apto e responsável pelas seguintes atividades:

- Atuar no recebimento de materiais movimentado cargas

- Atuar no carregamento e no descarregamento de veículo transportador

- Auxiliar na conferência (física)

72 | Introdução à Logística - O Perfil do Profissional

- Atuar na preservação dos materiais

- Auxiliar no armazenamento dos materiais

- Auxiliar na realização de inventários (preparação de lotes e contagem física)

- Atuar como ajudante na expedição e na distribuição (movimentação física)

- Atuar na amarração e na movimentação de cargas

- Atuar no processo de alienação de materiais (arrumação de lotes)

- Operar empilhadeiras veículos (desde que possua as habilitações)

- Operar pontes rolantes e pórticos (desde que possua as habilitações)

Oportunidades de ascensão profissional

O profissional que exerce a função de auxiliar de serviços gerais pode ascender profissionalmente conforme os seguintes cargos relativos à carreira da área de suprimento:

- Almoxarife (I, II e III)

- Assistente de Suprimento (I, II e III)

- Técnico de Suprimento (I, II e III)

- Profissional de Nível Superior (Júnior, pleno e sênior)

Perfil Profissional do Egresso dos Cursos de Nível Intermediário

A função de almoxarife vem demandando profissionais cada vez mais qualificados para o desenvolvimento dos trabalhos nas diversas atividades dos almoxarifados. Esse profissional tem por função principal receber, movimentar cargas, conferir, preservar, armazenar, expedir e movimentar todos os materiais utilizados pelas organizações.

Perfil do egresso dos cursos profissionalizantes de almoxarife

O egresso destes cursos é um profissional apto e responsável pelas seguintes atividades:

- Atuar no recebimento de materiais: manuseio de NF e conhecimento de fretes

- Atuar no carregamento e no descarregamento de veículo transportador

- Auxiliar na conferência (física e documental)

- Atuar na preservação dos materiais

- Realizar o armazenamento dos materiais

- Atuar na reposição e no abastecimento

- Auxiliar na realização de inventários

- Atuar na expedição e na distribuição

- Atuar na amarração e na movimentação de cargas

- Atuar no processo de alienação de materiais

- Operar empilhadeiras veículos (desde que possua as habilitações)

- Operar pontes rolantes e pórticos (desde que possua as habilitações).

Oportunidades de ascensão profissional

O profissional que exerce a função de almoxarife pode ascender profissionalmente conforme os seguintes cargos relativos à carreira da área de suprimento:

- Almoxarife (I, II e III)

- Assistente de Suprimento (I, II e III)

- Técnico de Suprimento (I, II e III)

- Profissional de Nível Superior (Júnior, pleno e sênior)

Perfil Profissional do Egresso dos Cursos de Nível Médio

Atribuições Básicas de um Assistente de Suprimento

As atribuições básicas que o assistente de suprimento capacitado pode ter são:

- Atuar no recebimento de materiais: conferência de NF e conhecimento de fretes

- Atuar na supervisão de carregamento e no descarregamento de veículo transportador

- Ser responsável pela conferência (física e documental)

- Ser responsável pela preservação dos materiais

- Ser responsável pelo armazenamento dos materiais

- Ser responsável pela reposição e pelo abastecimento

- Atuar na realização de inventários

- Ser responsável pela expedição e pela distribuição

- Ser responsável pela amarração e pela movimentação de cargas

- Atuar no processo de alienação de materiais

- Operar empilhadeiras veículos (desde que possua as habilitações)

- Operar pontes rolantes e pórticos (desde que possua as habilitações).

Oportunidades de ascensão profissional

O profissional que exerce a função de assistente de suprimento pode ascender profissionalmente conforme os seguintes cargos relativos à carreira da área de suprimento:

- Assistente de Suprimento (II e III)

- Técnico de Suprimento (I, II e III)

- Profissional de Nível Superior (Júnior, pleno e sênior)

Perfil Profissional do Egresso dos Cursos de Nível Técnico

O técnico em logística é um profissional responsável por atuar nos processos de controle de operações de transportes envolvendo dois ou mais modais de transportes, programação e coordenação de embarque, transbordo e desembarque de carga (movimentação de materiais), contratação de serviços de transporte, supervisão de armazenamento e controle da eficiência operacional de equipamentos e veículos.

Atividades que o técnico em logística pode desempenhar

Segundo a CBO (Classificação Brasileira de Ocupações), o egresso do curso técnico em logística terá competência para:

- Controlar e programar o suprimento para a produção

- Controlar estoques de suprimentos (matéria-prima, insumos, embalagens e materiais de MRO).

- Atuar no suprimento para a manutenção de máquinas e equipamentos como apoio logístico.

- Tratar informações em registros de cadastros e relatórios, e na redação de instruções de trabalho

Perfil profissional de conclusão

O egresso dos cursos técnicos em logística é um profissional apto e responsável pelas seguintes atividades:

- Controlar a programação do fluxo de materiais e informações (fluxo logístico) nas organizações

- Realizar levantamentos de custos logísticos

- Desenvolver projetos logísticos sob supervisão de um profissional graduado especialista na área

- Planejar, orçar e providenciar suprimentos (matéria-prima e outros insumos) para a produção

- Atuar nos processos de controle de operações de transportes envolvendo modais de transportes, programação e coordenação de embarque, transbordo e desembarque de carga (movimentação de materiais)

- Fiscalizar serviços de transporte

- Supervisionar armazenamento e transporte de carga e verificar a eficiência operacional de equipamentos e veículos

- Pesquisar preços dos serviços de transporte

- Identificar e programar rotas de transporte

Perfil Profissional do Egresso dos Cursos de Nível Graduação

O egresso destes cursos é um profissional preparado para desenvolver uma visão multidisciplinar e sistêmica, com espírito investigador, técnico-científico, crítico e empreendedor.

Perfil profissional de conclusão

O perfil profissional do egresso do Curso Superior de Tecnologia - CST - em logística está de acordo com diferentes características, tanto gerais quanto operacionais, exigidas pelo mercado. Esses cursos objetivam formar tecnólogos com sólido embasamento nas ciências básicas e conhecimentos específicos para uma atuação competente nas organizações/empresas dos mais variados segmentos. Os egressos dos CSTs em logística deverão estar habilitados a atuar em empresas, podendo realizar as seguintes atividades:

- Planejar, monitorar e gerenciar ambientes produtivos, envolvendo conhecimentos nos campos da logística

- Selecionar e utilizar, de forma apropriada, as ferramentas e as técnicas necessárias ao desenvolvimento de suas atividades, acompanhando sistematicamente as mudanças científicas e tecnológicas

- Aplicar normas e legislação vigentes na logística, na região de entorno do ambiente onde atua, que impactem nas ações sociais, ambientais e econômicas

- Gerenciar e solucionar conflitos com responsabilidade social, atuando de forma sinérgica em grupos de trabalho, aplicando métodos e técnicas de gestão

- Gerenciar a área de atividades logísticas, atendendo aos pré-requisitos técnicos e normativos estabelecidos pelos padrões de qualidade inerentes aos processos produtivos

- Identificar possibilidades e limitações, propondo soluções diante dos problemas detectados nos processos produtivos, aplicando o conhecimento científico e tecnológico no domínio de suas competências e habilidades

- Analisar os impactos das ações de segurança e saúde coletiva, meio ambiente, nos processos de negócio das empresas em que atua e na cadeia produtiva

- Elaborar e interpretar a documentação técnica, dimensionando recursos e analisando os custos de implantação de projetos logísticos

- Propor soluções de melhoria logística, viáveis técnica e financeiramente

- Agir em sinergia com os objetivos sistêmicos das organizações, contribuindo para o alcance dos objetivos de produção e dos requisitos de qualidade

- Conhecer o processo logístico e fazer intervenções necessárias ao seu bom funcionamento

- Planejar e fazer gestão do seu próprio trabalho

- Executar os procedimentos, atendendo às normas de segurança.

Perfil Profissional do Egresso dos Cursos de Nível Pós-Graduação *Latu Sensu*

Os cursos de pós-graduação têm como objetivo específico desenvolver nos profissionais que já atuam no mercado de trabalho competências relacionadas à análise, identificação e solução de gargalos, compreendendo as fases de planejamento, monitoramento, análise de resultados e identificação das possíveis correções dos processos logísticos, sendo, também, capaz de analisar o impacto das suas ações na segurança e na saúde coletiva, no meio ambiente, nos processos de negócios da empresa e na cadeia produtiva, desenvolvendo um pensamento ecológico e de preservação do meio ambiente objetivando o menor impacto que a atividade logística pode provocar no meio ambiente.

Perfil profissional de conclusão

O perfil profissional do egresso dos cursos de pós-graduação em logística está de acordo com diferentes características, tanto gerais quanto operacionais, exigidas pelo mercado. Esses cursos objetivam formar profissionais com sólido embasamento nas ciências básicas e nos conhecimentos específicos para uma atuação competente nas organizações/empresas dos diversos segmentos. Os egressos das pós-graduações em logística deverão estar habilitados a atuar em empresas, podendo realizar as seguintes atividades:

- Planejar, monitorar e gerenciar ambientes produtivos, envolvendo conhecimentos nos campos da logística

Capítulo 6 - Perfil de Conclusão e Atribuições Básicas

- Selecionar e utilizar, de forma apropriada, as ferramentas e as técnicas necessárias ao desenvolvimento de suas atividades, acompanhando sistematicamente as mudanças científicas e tecnológicas

- Aplicar normas e legislação vigentes na logística, na região de entorno do ambiente onde atua, que impactem nas ações sociais, ambientais e econômicas

- Gerenciar e solucionar conflitos com responsabilidade social, atuando de forma sinérgica em grupos de trabalho, aplicando métodos técnicas de gestão

- Gerenciar a área de atividades logísticas, atendendo aos pré-requisitos técnicos e normativos estabelecidos pelos padrões de qualidade inerentes aos processos produtivos

- Identificar possibilidades e limitações, propondo soluções diante dos problemas detectados nos processos produtivos, aplicando o conhecimento científico e tecnológico no domínio de suas competências e habilidades

- Analisar os impactos das ações de segurança e da saúde coletiva, meio ambiente, nos processos de negócio das empresas em que atua e na cadeia produtiva

- Elaborar e interpretar a documentação técnica, dimensionando recursos e analisando os custos de implantação de projetos logísticos

- Propor soluções de melhoria logística, viáveis técnica e financeiramente

- Agir em sinergia com os objetivos sistêmicos das organizações, contribuindo para o alcance dos objetivos de produção e dos requisitos de qualidade

- Conhecer o processo logístico e fazer intervenções necessárias ao seu bom funcionamento

- Planejar e fazer gestão do seu próprio trabalho

- Executar os procedimentos, atendendo às normas de segurança.

Perfil Profissional do Egresso dos Cursos de Nível *Stricto Sensu*

Profissionais com Mestrado e Doutorado

A estrutura diretiva dos cursos *Stricto Sensu* prevê a existência de linhas de pesquisa apoiadas por grupo de pesquisa, com representantes das diferentes áreas tecnológicas e da área de relações com o mercado. Esses grupos de pesquisa identificam oportunidades de articulação com o segmento produtivo e as fontes de fomento visando o desenvolvimento de projetos de pesquisa aplicada. As coordenações dos mestrados e dos doutorados devem promover a inserção dos alunos nas atividades de pesquisa aplicada desenvolvida nos setores produtivos.

Os projetos de pesquisa aplicada a serem desenvolvidos deverão ser coordenados por especialistas da área em questão e devem possuir as seguintes características:

I – coerência técnica, tecnológica e científica
II – natureza de desenvolvimento tecnológico
III – importância econômica e social
IV – difusão de conhecimentos tecnológicos, científicos e culturais
V – relação com os interesses econômicos e sociais da região
VI – integração do ensino com a pesquisa e seu desenvolvimento

A coordenação da pós-graduação deverá incentivar a pesquisa e o desenvolvimento tecnológico por meio das seguintes alternativas:

I – obtenção de bolsas especiais nas instituições de fomento
II – participação de redes cooperativas
III – viabilização de intercâmbio com outras instituições científicas e tecnológicas

Módulo Específico II

- O MERCADO DE TRABALHO -

Existe no mercado de trabalho certa confusão no entendimento do que é cargo e função. Os assuntos abordados neste módulo irão contemplar as habilidades técnicas específicas da atuação profissional por meio da aquisição e da aplicação dos conhecimentos adquiridos. Como também irá facilitar quando há necessidade de especificar um cargo ou contratar profissionais da área.

Atrelado a tudo isto, o mesmo mercado de trabalho ainda apresenta uma grande dificuldade no entendimento dos níveis de competência do profissional de logística. Vemos, diariamente, empresas contratando um almoxarife (que é um profissional operacional) para atuar como gestor e vice-versa. Neste módulo, apresentamos as competências e as habilidades de cada nível profissional. Desta forma, estaremos contribuindo para um melhor entendimento do assunto.

Capítulo 7

Cargos e Funções da Atividade Logística

"Aquele que se dedica a uma linha de trabalho que exija profunda especialização será capaz de realizá-la da melhor maneira possível."

Xenofonte 370 a.C.

Cargo é o conjunto de atribuições e responsabilidades conferidas ao profissional, isto é, é o lugar que se ocupa na hierarquia de uma empresa. Já a função, são as atribuições que o profissional deve exercer, é o que ele faz na empresa, são os serviços desempenhados.

Cargos na Atividade Logística

Os cargos mais comuns desempenhados pelos profissionais que atuam na atividade logística são os seguintes:

- Ajudante

- Almoxarife

- Assistente de Suprimento

- Técnico em Logística

- Analista de Suprimento

- Engenheiro, Administrador etc.

As Funções na Atividade Logística

As funções mais comuns assumidas pelos profissionais que atuam na atividade logística são as seguintes:

- Ajudante de Carga

- Conferente

- Estoquista

- Arrumador de carga

- Encarregado de almoxarifado

- Supervisor geral

Capítulo 7 - Cargos e Funções da Atividade Logística   87

- Supervisor de pátio

- Supervisor de frota

- Faturista

- Gestor de estoque

- Comprador

- Coordenador de frota

- Coordenador de Almoxarifado

- Coordenador de Compras

- Gerente de logística

- Diretor de logística

A seguir serão detalhadas todas as funções expostas acima, como também as responsabilidades e os requisitos mínimos, tais como, iniciar a profissão, o ritmo de trabalho e a expectativa de futuro.

Ajudante de Carga

Os profissionais que exercem esta função são responsáveis por: amarrar e arrumar a carga, descarregar materiais em almoxarifados, armazéns, silos e depósitos, organizar o almoxarifado para facilitar a movimentação dos itens armazenados e armazenar.

Quais são as tarefas e responsabilidades do ajudante de carga:

- Desenlonar e enlonar caminhões.

- Carregar e descarregar suprimentos, ferramentas e equipamentos de acordo com as regras de segurança.

- Ajudar outros colegas nos trabalhos de carregamento e descarregamento, quando necessário.

Introdução à Logística - O Perfil do Profissional

- Movimentar materiais.

- Empacotar mercadorias.

- Operar carrinhos manuais de transporte

- Armazenar cargas

Quais são os requisitos mínimos para ser um *ajudante de carga*:

1 - Conhecimentos técnicos

- Conhecimentos das regras, sistemas e planos de emergência da empresa

- Conhecimento das técnicas de amarração e movimentação das mercadorias

- Conhecimento da segurança ocupacional e dos requisitos de saúde

2 - Qualidades pessoais

- Agir com equilíbrio emocional

- Demonstrar proatividade

- Demonstrar iniciativa

- Disciplinado

- Honesto

- Responsável

- Preciso

3 - Requisitos físicos

A função requer esforço físico especial. Deve ter boa saúde e preparo físico para movimentar mercadorias, embalagens e subir em caminhões-tanque, quando necessário. O profissional que irá exercer essa função não pode sofrer de qualquer doença que provoque tonturas e vertigens.

Como iniciar na profissão de ajudante de carga

Muitos ajudantes iniciaram como auxiliares de serviços gerais. Algumas empresas promovem funcionários internos (mesmo sem curso na área de logística) após 6 meses de experiência na atividade.

Muitas das habilidades de um ajudante são aprendidas no próprio trabalho. Experiência em serviços correlatos ou ter atuado como auxiliar de serviços gerais é considerado uma boa experiência, pois são profissões com grande contato com movimentação de materiais.

Empresas atacadistas ou do varejo preferem contratar pessoas que tenham conhecimento das mercadorias do seu ramo de atividades, que entendam dos procedimentos existentes no varejo e no atacado.

O período de treinamento interno para os novos funcionários varia de 10 a 15 dias. Nas empresas atacadistas e de varejo, os novos funcionários iniciam movimentando mercadorias, descarregando material recebido e realizando expedição. À medida que adquirem mais experiência, vão recebendo maiores responsabilidades.

Nas empresas industriais,° os novos funcionários são matriculados em programas de treinamento, onde aprendem como a empresa funciona e os procedimentos de segurança. Trabalham com ajudantes experientes para aprender sobre as atividades. Além disto, podem ser alocados no atendimento para aprender sobre o sistema de entrega de materiais. Os ajudantes experientes podem ser promovidos por:

- Transferência para um departamento que gerencia um grande volume de materiais

- Tornando-se um encarregado de turma

- Aceitando trabalhar na indústria ou setor atacadista

- Tornando-se um assistente de suprimento com responsabilidade sobre um grupo

Como é o ritmo de trabalho de um ajudante de carga

Normalmente, trabalha no período normal de funcionamento da empresa, embora, algumas vezes, necessite trabalhar em horas extras. É assalariado

90 | Introdução à Logística - O Perfil do Profissional

com carteira assinada, trabalha em equipe, sob supervisão, em almoxarifados. É comum passar boa parte de sua jornada de trabalho em almoxarifados a céu aberto e movimentando cargas.

Qual é o futuro da profissão do ajudante de carga

Esta é uma profissão com um bom futuro e pode ser o primeiro passo para uma carreira na área logística. Os rápidos avanços tecnológicos redirecionaram certos aspectos dos negócios e da educação técnica, e criaram uma demanda de novos especialistas em logística.

Vários fatores estão modificando muito esta profissão na sua natureza, organização e responsabilidades:

- Aumento atual no volume das importações e das exportações do Brasil

- A globalização e a transformação da economia mundial

- Introdução de novas tecnologias (EDI, Internet etc.)

- A implantação de sistemas de Informações tem reduzido muito a papelada e os trabalhos manuais.

Profissão de Conferente

Os profissionais que exercem esta função são responsáveis por conferir, desembalar, movimentar produtos e materiais em almoxarifados, armazéns, silos e depósitos, fazer as entradas, saídas e o controle de estoques, organizar a área de recebimento para facilitar a movimentação dos itens recebidos e a armazenar.

Quais são as tarefas e as responsabilidades do conferente:

- Receber, verificar a quantidade e a qualidade das embalagens das mercadorias recebidas e registrar os dados manualmente ou usando computadores

- Desempacotar e empacotar itens recebidos no almoxarifado ou em pátios de armazenagem

- Examinar, inspecionar e reportar aos supervisores os defeitos dos materiais recebidos

- Verificar as faturas das mercadorias

- Avaliar se os equipamentos e as mercadorias recebidos estão em bom estado

- Organizar a liberação dos equipamentos rejeitados

- Conferir lacres de produtos recebidos em tanques

Quais são os requisitos mínimos para ser um conferente:

1 - Conhecimentos

- O conhecimento de computador é muito importante, pois as descrições, os controles e os estoques estão todos nos sistemas operacionais dos computadores

- Conhecimentos das regras, sistemas e planos de qualidade da empresa

- Conhecimento dos fornecedores atuais e das mercadorias e dos serviços

- Conhecimento de segurança ocupacional e dos requisitos de saúde

2 - Qualidades pessoais

- Trabalhar com ética

- Agir com equilíbrio emocional

- Demonstrar proatividade

- Atualizar-se no mercado e nas mudanças tecnológicas

Introdução à Logística - O Perfil do Profissional

- Ser versátil e dinâmico

- Demonstrar senso de observação (ser observador)

- Demonstrar objetividade

- Honesto

- Responsável

- Prático

- Metódico

- Detalhista

- Preciso

- Saber fazer bons julgamentos.

- Saber trabalhar sob pressão, isto é, saber lidar com pressões internas e externas

3 - Requisitos físicos
A função requer esforço físico especial. Deve ter boa saúde e preparo físico para movimentar mercadorias, embalagens e subir em caminhões-tanque, quando necessário. O profissional que irá exercer essa função não pode sofrer de qualquer doença que provoque tonturas e vertigens.

Como iniciar na profissão de conferente:

Muitos conferentes iniciaram como auxiliares de conferentes ou assistentes de conferentes. Algumas empresas promovem funcionários internos (mesmo sem curso profissionalizante) após 1 ano de experiência na atividade.

Muitas das habilidades de um conferente são aprendidas no próprio trabalho. Experiência em conferência de materiais ou ter atuado como auxiliar de almoxarifado é considerado uma boa experiência, pois são profissões com grande contato com materiais.

Empresas atacadistas ou do varejo preferem contratar pessoas que tenham conhecimento da mercadoria que vendem e dos procedimentos existentes no varejo e no atacado. O período de treinamento interno para os novos funcionários varia de 1 a 5 meses. Nas empresas atacadistas e de varejo, os novos funcionários iniciam recebendo mercadorias, depois verificando faturas do material recebido e controlando o estoque. À medida que adquirem mais experiência, vão recebendo maiores responsabilidades de conferentes.

Nas empresas industriais, os novos funcionários de conferência são matriculados em programas de treinamento, onde aprendem como a empresa funciona e os procedimentos de segurança. Trabalham com conferentes experientes para aprender sobre os materiais, sistemas de medição, fornecedores e mercados. Os conferentes experientes podem ser promovidos por:

- Transferência para um departamento que gerencia um grande volume de materiais

- Tornando-se um conferente de uma linha de produtos

- Tornando-se um assistente de compras com responsabilidade sobre um grupo de produtos

Como é o ritmo de trabalho de um conferente

Normalmente, trabalha no período normal de funcionamento da empresa embora, algumas vezes, necessite trabalhar em horas extras. É assalariado com carteira assinada, trabalha de forma individual, sob supervisão, em escritórios. É comum passar muito tempo sentado e ficar sujeito a pressões, o que pode causar estresse.

Qual é o futuro da profissão de conferente

Esta é uma profissão com um bom futuro e pode ser o primeiro passo para uma carreira na área logística. Os rápidos avanços tecnológicos redirecionaram certos aspectos dos negócios e da educação técnica, e criaram uma demanda de novos especialistas em conferência de materiais.

Profissão de Estoquista

Os profissionais que exercem esta função são responsáveis por conferir, preservar, etiquetar, armazenar e expedir produtos e materiais em almoxarifados, armazéns, silos e depósitos, fazer os lançamentos das alterações de localização de materiais e controle de estoques, organizar os materiais nas prateleiras e demais locais do almoxarifado para facilitar a movimentação dos itens armazenados e a armazenar, armazenar os produtos e os materiais sempre observando a ordem de chegada, prazo de validade e sequência dos itens a serem expedidos.

Quais são as tarefas e as responsabilidades da profissão de estoquista:

- Armazenar itens de uma maneira ordenada e acessível em almoxarifados, ferramentarias, depósitos de suprimentos ou outros tipos de estoque

- Solicitar mais mercadorias quando necessário

- Determinar métodos adequados de armazenagem e de identificação baseados na rotatividade dos materiais, meio ambiente e disponibilidade de recursos físicos

- Registrar o uso e as perdas de estoque

- Verificar inventários comparando as contagens físicas com os números existentes no sistema de controle do almoxarifado, verificar as divergências ou ajustar os erros

- Marcar os itens usando etiquetas ou selos de identificação, ferramentas de marcação elétricas ou outros equipamentos de identificação

Quais são os requisitos mínimos para ser um estoquista:

1 - Conhecimentos

- O conhecimento de computador é muito importante, pois as descrições, os controles e os estoques estão todos nos sistemas operacionais dos computadores

Capítulo 7 - Cargos e Funções da Atividade Logística 95

- Conhecimentos das regras, sistemas e planos de qualidade da empresa

- Conhecimento do sistema de localização

- Conhecimento de segurança ocupacional e dos requisitos de saúde

2 - Qualidades pessoais

- Trabalhar com ética

- Agir com equilíbrio emocional

- Demonstrar proatividade

- Atualizar-se no mercado e nas mudanças tecnológicas

- Ser versátil e dinâmico

- Demonstrar senso de observação (ser observador)

- Demonstrar objetividade

- Honesto

- Responsável

- Prático

- Metódico

- Detalhista

- Preciso

- Saber fazer bons julgamentos.

- Saber trabalhar sob pressão, isto é, saber lidar com pressões internas e externas.

3 - Requisitos físicos

A função requer esforço físico especial. Deve ter boa saúde e preparo físico para movimentar mercadorias e embalagens, quando necessário. O profissional que irá exercer essa função não pode sofrer de qualquer doença na região lombar.

Profissão de Faturista

Os profissionais que exercem esta função são responsáveis por recepcionar e conferir pedidos de faturamento, e arquivar documentação fiscal, fazer os lançamentos da movimentação de entradas e saídas, e controle de estoques.

Quais são as tarefas e as responsabilidades da profissão de faturista:

- Determinar métodos adequados de emitir as faturas, sempre observando o prazo e a disponibilidade dos recursos físicos

- Registrar o uso dos formulários de NF observando sempre a sequência numérica

- Verificar os inventários comparando os saldos existentes no sistema de controle do almoxarifado sempre antes de emitir uma fatura. Ao verificar divergências, solicitar o ajuste dos erros

Quais são os requisitos mínimos para ser um faturista:

1 - Conhecimentos

- O conhecimento de computador é muito importante, pois as contas, o controle fiscal e os estoques estão todos nos sistemas do computador

- Conhecimentos das regras e dos sistemas tributários

- Conhecimento dos fornecedores atuais e em potencial, e dos custos das mercadorias e dos serviços

- Conhecimento de finanças e orçamento

Capítulo 7 - Cargos e Funções da Atividade Logística — 97

2 - Qualidades pessoais

- Trabalhar com ética

- Agir com equilíbrio emocional

- Demonstrar proatividade

- Demonstrar iniciativa

- Ser versátil e dinâmico

- Demonstrar senso de observação (ser observador)

- Demonstrar objetividade

- Honesto

- Responsável

- Prático

- Metódico

- Saber fazer bons julgamentos.

- Saber adaptar-se rapidamente a mudanças

- Saber trabalhar sob pressão, isto é, saber lidar com pressões internas e externas

3 - Requisitos físicos

O cargo não requer esforço físico especial. Esta função pode ser exercida por pessoas portadoras de necessidades especiais.

Profissão de Encarregado de Almoxarifado

Os profissionais que exercem esta função são responsáveis por montar equipes de trabalho, planejar as áreas de armazenamento de produtos e materiais em almoxarifados, armazéns, silos e depósitos, interpretar os relatórios de lan-

Introdução à Logística - O Perfil do Profissional

çamentos da movimentação de entradas e saídas e controle de estoques, organizar o almoxarifado para facilitar a movimentação dos itens armazenados e a armazenar, separar produtos e materiais a serem expedidos.

Quais são as tarefas e as responsabilidades da profissão de encarregado de almoxarifado:

- Controlar o retorno das mercadorias enviadas para serem consertadas

- Manter registros atualizados e corretos dos estoques

- Responder consultas escritas e por telefone, além de reclamações

- Relacionar-se com transportadoras e clientes

- Responsável pela segurança dos empregados lotados no almoxarifado

Quais são os requisitos mínimos para ser um encarregado de almoxarifado:

1 - Qualidades pessoais

- Trabalhar com ética

- Agir com equilíbrio emocional

- Demonstrar proatividade

- Demonstrar iniciativa

- Atualizar-se no mercado e nas mudanças tecnológicas

- Ser versátil e dinâmico

- Demonstrar senso de observação (ser observador)

- Demonstrar objetividade

- Honesto

- Responsável

- Prático

- Metódico

- Detalhista

- Preciso

- Liderança

- Saber fazer bons julgamentos.

- Saber adaptar-se rapidamente a mudanças

- Saber trabalhar sob pressão, isto é, saber lidar com pressões internas e externas

3 - Requisitos físicos
O cargo requer esforço físico especial. Deve ter boa saúde e preparo físico para movimentar mercadorias e embalagens, quando necessário.

Profissão de Gestor de Estoque

Os profissionais que exercem esta função são responsáveis por especificar, cadastrar produtos e materiais, fazer os lançamentos da movimentação de cadastro e especificações e controle de materiais, organizar o cadastro de forma a facilitar a consulta dos itens, manter atualizado o cadastro de produtos e materiais da empresa.

Quais são as tarefas e responsabilidades da profissão de gestor de estoque:

- Manter as especificações e os critérios de materiais para o fornecedor

- Reunir-se com a gerência e os funcionários de outros departamentos para ajudar a determinar as necessidades de materiais

Introdução à Logística - O Perfil do Profissional

- Atuar em projetos de redução de custos e análise de valor

- Participar no desenvolvimento e na nacionalização de novos produtos

Quais são os requisitos mínimos para ser um gestor de estoque:

1 - Conhecimentos

- O conhecimento de computador é muito importante, pois os controles e os cadastros estão todos nos sistemas do computador

- Conhecimentos das regras, sistemas e planos estratégicos de suprimento da empresa

- Conhecimento de catalogação de materiais

- Conhecimento de sistemas de medidas

- Conhecimento da língua inglesa

2 - Qualidades pessoais

- Trabalhar com ética

- Agir com equilíbrio emocional

- Demonstrar proatividade

- Demonstrar iniciativa

- Atualizar-se no mercado e nas mudanças tecnológicas

- Ser versátil e dinâmico

- Demonstrar senso de observação (ser observador)

- Demonstrar objetividade

- Honesto

- Responsável

Capítulo 7 - Cargos e Funções da Atividade Logística | 101

- Prático

- Metódico

- Detalhista

- Preciso

- Saber fazer bons julgamentos

- Saber adaptar-se rapidamente a mudanças

- Saber trabalhar sob pressão, isto é, saber lidar com pressões internas e externas

3 - Requisitos físicos
O cargo não requer esforço físico especial. Esta função pode ser exercida por pessoas portadoras de necessidades especiais.

Função de Comprador

Os compradores são profissionais que compram pequenas e grandes quantidades de materiais, suprimentos e equipamentos para empresas comerciais, industriais ou do governo. Também fazem acordos, contratos de suprimentos e organizam estratégias de suprimento. Os materiais ou serviços são comprados para o próprio uso da empresa ou para que sejam revendidos.

Quais são as tarefas e responsabilidades da profissão de comprador:

- Receber e classificar as requisições de compras dos departamentos

- Organizar e monitorar o sistema de controle de compras no computador

- Estudar catálogos e jornais do comércio para verificar o que está sendo vendido localmente e no exterior

- Contatar os fornecedores e negociar preços e condições de contratos de compras

102 | **Introdução à Logística - O Perfil do Profissional**

- Manter arquivos por fornecedor com registros de entrega e pagamentos

- Manter-se atualizado com as tendências do mercado, novos produtos e as necessidades de materiais e suprimentos da sua empresa

- Fazer recomendações à gerência e aos funcionários da empresa sobre contratos com fornecedores

- Treinar novos compradores

- Encontrar novos fornecedores, negociar e contratar, monitorar a performance do fornecedor

- Resolver problemas relativos a fornecedores

Quais são os requisitos mínimos para ser um comprador:

1 - Conhecimentos

- O conhecimento de computador é muito importante, pois as contas, os controles e os estoques estão todos nos sistemas do computador

- Conhecimentos das regras, sistemas e planos estratégicos da empresa

- Conhecimento dos fornecedores atuais e em potencial, e dos custos das mercadorias e serviços

- Conhecimento de finanças e orçamento

- Conhecimento do material ou do serviço que está sendo comprado

- Domínio da língua inglesa (para grandes companhias)

2 - Qualidades pessoais

- Trabalhar com ética

- Agir com equilíbrio emocional

- Demonstrar proatividade

Capítulo 7 - Cargos e Funções da Atividade Logística | **103**

- Demonstrar iniciativa

- Atualizar-se no mercado e nas mudanças tecnológicas

- Ser versátil e dinâmico

- Demonstrar objetividade

- Honesto

- Responsável

- Prático

- Metódico

- Detalhista

- Preciso

- Saber fazer bons julgamentos

- Saber adaptar-se rapidamente a mudanças

- Saber trabalhar sob pressão, isto é, saber lidar com pressões internas e externas.

3 - Requisitos físicos

O cargo não requer esforço físico especial. Esta função pode ser exercida por pessoas portadoras de necessidades especiais.

Como iniciar na profissão de comprador:

Muitos compradores iniciaram como estagiários, trainees, auxiliares de compras, compradores Júnior ou assistente de compradores.

Algumas empresas promovem funcionários internos (mesmo sem curso superior) após 1 a 5 anos de experiência no ramo.

Muitas das habilidades de um comprador são aprendidas no próprio trabalho. Experiência em vendas ou serviços de escritório ou ter atuado como supervisor

104 | Introdução à Logística - O Perfil do Profissional

de almoxarifado é considerado uma boa experiência, pois são profissões com grande contato com pessoas.

Empresas atacadistas ou do varejo preferem contratar pessoas com curso superior e que tenham conhecimento da mercadoria que vendem e dos procedimentos existentes no varejo e no atacado.

O período de treinamento interno para os novos funcionários varia de 1 a 2 meses. Nas empresas atacadistas e de varejo, os novos funcionários iniciam vendendo mercadorias, depois supervisionando vendedores, verificando faturas do material recebido e controlando estoque. À medida que adquirem mais experiência, vão recebendo maiores responsabilidades de compras.

Nas empresas industriais, os novos funcionários de compras são matriculados em programas de treinamento, onde aprendem como a empresa funciona e os procedimentos de compras. Trabalham com compradores experientes para aprender sobre os materiais, preços, fornecedores e mercados. Além disso, podem ser alocados no PCP (Planejamento e Controle da Produção) para aprender sobre o sistema de planejamento das necessidades de materiais e sobre o controle de estoque.

Os compradores de empresas atacadistas e distribuidores devem saber planejar e tomar decisões. Saber antecipar as preferências do consumidor e fazer com que as mercadorias estejam em estoque, quando necessitar, requer bom julgamento e autoconfiança. Os compradores devem saber tomar decisões rápidas e aceitar riscos. A habilidade de *marketing* e saber identificar os produtos que venderão é muito importante. Normalmente, as empresas procuram compradores com capacidade de liderança, pois muitos compradores supervisionam auxiliares e assistentes de compras. Os compradores experientes podem ser promovidos por:

- Transferência para um departamento que gerencia um grande volume

- Tornando-se um gerente de uma linha de produtos

- Aceitando trabalhar em vendas para uma indústria ou um setor atacadista

- Tornando-se um assistente de gerente de compras com responsabilidade sobre um grupo de produtos

Como é o ritmo de trabalho de um comprador:

Normalmente, trabalha no período normal de funcionamento da empresa embora, algumas vezes, necessite trabalhar em horas extras. É assalariado com carteira assinada, trabalha de forma individual, sob supervisão, em escritórios. Pode viajar para visitar fornecedores. É comum passar muito tempo sentado falando ao telefone e estar sujeito a pressões, o que pode causar estresse.

Qual é o futuro da profissão de comprador:

Esta é uma profissão com um bom futuro e pode ser o primeiro passo para uma carreira na área de gestão. Os rápidos avanços tecnológicos redirecionaram certos aspectos dos negócios e da educação técnica, e criaram uma demanda de novos especialistas em compras.

Vários fatores estão modificando muito esta profissão na sua natureza, organização e responsabilidades:

- Aumento atual da exportação do Brasil

- A globalização e a transformação da economia mundial

- Introdução de novas tecnologias (EDI, Internet, e-procurement, leilões reversos etc.)

- Novas tarefas que estão sendo alocadas nas áreas de compras, tais como, a aquisição de computadores, contratos de serviços, compra de passagens aéreas etc.

- A implantação de sistemas de informações de compras tem reduzido muito a papelada e os trabalhos manuais

Função de Coordenador de Almoxarifado

Os coordenadores de almoxarifado são profissionais que comandam equipes de almoxarifes e técnicos que armazenam e movimentam pequenas e grandes quantidades de materiais, suprimentos e equipamentos em empresas comerciais, industriais ou do governo. Também gerenciam acordos, contratos de transporte, terceirização de serviços e organizam estratégias de armazenamento.

Quais são as tarefas e as responsabilidades da profissão de coordenador de almoxarifado:

- Organizar e monitorar o sistema de controle de estoque e localização no computador.

- Contatar fornecedores de serviços de transporte e pessoal, e negociar preços e condições dos contratos

- Manter-se atualizado nas tendências do mercado, novos produtos e necessidades de armazenamento de materiais da sua empresa

- Fazer recomendações à gerência de funcionários

- Treinar colaboradores

- Encontrar novos colaboradores

- Resolver problemas relativos a colaboradores

Quais são os requisitos mínimos para ser um coordenador de almoxarifado:

1 - Conhecimentos

- O conhecimento de sistemas é muito importante, pois os controles e os estoques estão todos nos sistemas

- Conhecimentos das regras, sistemas e planos estratégicos da empresa

- Conhecimento dos fornecedores atuais e em potencial, e dos custos das mercadorias e dos serviços

- Conhecimento de finanças e orçamento

- Conhecimento em administrar pessoal

- Conhecimento de segurança ocupacional e dos requisitos de saúde

- Conhecimentos em sistemas de transporte, armazenagem e distribuição

2 - Qualidades pessoais

- Trabalhar com ética

- Agir com equilíbrio emocional

- Atualizar-se no mercado e nas mudanças tecnológicas

- Ser versátil e dinâmico

- Demonstrar senso de observação (ser observador)

- Demonstrar objetividade

- Honesto

- Responsável

- Prático

- Liderança

- Metódico

- Detalhista

- Preciso

- Saber fazer bons julgamentos

- Saber trabalhar sob pressão, isto é, saber lidar com pressões internas e externas.

3 - Requisitos físicos
O cargo não requer esforço físico especial. Esta função pode ser exercida por pessoas portadoras de necessidades especiais.

108 | Introdução à Logística - O Perfil do Profissional

Como iniciar na profissão de coordenador de almoxarifado:

Muitos coordenadores iniciaram como estagiários, trainees, auxiliares de compras, compradores Júnior ou assistente de compradores.

Algumas empresas promovem funcionários internos após 4 a 5 anos de experiência no ramo.

Muitas das habilidades de um coordenador são aprendidas no próprio trabalho. Experiência em vendas ou serviços de escritório, ou ter atuado como supervisor de almoxarifado é considerado uma boa experiência, pois são profissões com grande contato com pessoas e material.

Empresas atacadistas ou indústrias preferem contratar pessoas com curso superior e que tenham conhecimento da mercadoria que vendem e dos procedimentos existentes no varejo e no atacado. O período de treinamento interno para os novos funcionários varia de 1 a 2 meses. À medida que adquirem mais experiência, vão recebendo maiores responsabilidades.

Os coordenadores de empresas atacadistas, operadores logísticos, indústrias e distribuidores devem saber planejar e tomar decisões. Saber antecipar as preferências do consumidor e fazer com que as mercadorias estejam em estoque, quando necessitar, requer bom julgamento e autoconfiança. Os coordenadores devem saber tomar decisões rápidas e aceitar riscos. Ter habilidade de negociação e saber identificar os produtos que venderão são aspectos muito importantes. Normalmente, as empresas procuram coordenadores com capacidade de liderança, pois muitos supervisionam auxiliares e assistentes de suprimento.

Como é o ritmo de trabalho de um coordenador de almoxarifado:

Normalmente, trabalha no período normal de funcionamento da empresa, embora, algumas vezes, necessite trabalhar em horas extras. É assalariado com carteira assinada, trabalha de forma individual, em escritórios. É comum viajar para visitar fornecedores, passar muito tempo sentado falando ao telefone e ficar sujeito a pressões, o que pode causar estresse.

Função de Coordenador de Compras

Os coordenadores de compras são profissionais que comandam equipes de compras que compram pequenas e grandes quantidades de materiais, suprimentos e equipamentos para empresas comerciais, industriais ou do governo. Também gerenciam acordos, contratos de suprimentos e organizam estratégias de suprimento.

Quais são as tarefas e as responsabilidades da profissão de coordenador de compras:

- Organizar e monitorar o sistema de controle de compras no computador

- Contatar os fornecedores e negociar preços e condições dos contratos de compras

- Manter-se atualizado nas tendências de mercado, novos produtos e necessidades de materiais e suprimentos da sua empresa

- Fazer recomendações à gerência e aos funcionários da empresa sobre contratos com fornecedores

- Treinar colaboradores

- Encontrar novos colaboradores

- Resolver problemas relativos a fornecedores

Quais são os requisitos mínimos para ser um coordenador de compras:

1 - Conhecimentos

- O conhecimento de compras eletrônicas é muito importante

- Conhecimento de sistemas operacionais, pois os controles e os estoques estão todos nos sistemas

- Conhecimento de programas de qualidade

- Conhecimentos das regras, sistemas e planos estratégicos da empresa

110 | **Introdução à Logística - O Perfil do Profissional**

- Conhecimento dos fornecedores atuais e em potencial, e dos custos das mercadorias e serviços

- Conhecimento de finanças e orçamento

- Conhecimento para administrar pessoal

- Domínio da língua inglesa

2 - Qualidades pessoais

- Trabalhar com ética

- Agir com equilíbrio emocional

- Atualizar-se no mercado e nas mudanças tecnológicas

- Ser versátil e dinâmico

- Demonstrar senso de observação (ser observador)

- Demonstrar objetividade

- Honesto

- Responsável

- Prático

- Liderança

- Metódico

- Detalhista

- Preciso

- Saber fazer bons julgamentos

- Saber trabalhar sob pressão, isto é, saber lidar com pressões internas e externas.

Capítulo 7 - Cargos e Funções da Atividade Logística | 111

3 - Requisitos físicos

O cargo não requer esforço físico especial. Esta função pode ser exercida por pessoas portadoras de necessidades especiais.

Como iniciar na profissão de coordenador de compras:

Muitos coordenadores iniciaram como estagiários, trainees, auxiliares de compras, compradores Júnior ou assistente de compradores.

Algumas empresas promovem funcionários internos (mesmo sem curso superior) após 5 a 10 anos de experiência no ramo.

Muitas das habilidades de um coordenador são aprendidas no próprio trabalho. Experiência em vendas ou serviços de escritório, ou ter atuado como coordenador de almoxarifado é considerado uma boa experiência, pois são profissões com grande contato com pessoas e material.

Empresas atacadistas ou do varejo preferem contratar pessoas com curso superior e que tenham conhecimento da mercadoria que vendem e dos procedimentos existentes no varejo e no atacado. O período de treinamento interno para os novos funcionários varia de 1 a 5 anos. À medida que adquirem mais experiência, vão recebendo maiores responsabilidades de compras.

Nas empresas industriais, os novos funcionários de compras são matriculados em programas de treinamento onde aprendem como a empresa funciona e os procedimentos de compras. Trabalham com compradores experientes para aprender sobre os materiais, preços, fornecedores e mercados. Além disso, podem ser alocados no PCP (Planejamento e Controle da Produção) para aprender sobre o sistema de planejamento de necessidades de materiais e sobre o controle do estoque.

Os compradores de empresas atacadistas e os distribuidores devem saber planejar e tomar decisões. Saber antecipar as preferências do consumidor e fazer com que as mercadorias estejam em estoque, quando necessitar, requerem bom julgamento e autoconfiança. Os compradores devem saber tomar decisões rápidas e aceitar riscos. A habilidade de *marketing* e saber identificar os produtos que venderão são aspectos muito importantes. Normalmente, as empresas procuram compradores com capacidade de liderança, pois muitos compradores supervisionam auxiliares e assistentes de compras.

Como é o ritmo de trabalho de um coordenador de compras:

Normalmente, trabalha no período normal de funcionamento da empresa embora, algumas vezes, necessite trabalhar em horas extras. É assalariado com carteira assinada, trabalha de forma individual, em escritórios. É comum viajar para visitar fornecedores, passar muito tempo sentado falando ao telefone e ficar sujeito a pressões, o que pode causar estresse.

Capítulo 8

Competências e Habilidades Exigidas pelo Mercado

"Como todo bom método pedagógico, não pretende ser método de ensino, mas sim de aprendizagem."

Paulo Freire

114 | Introdução à Logística - O Perfil do Profissional

A equipe de profissionais que atuam na logística constitui uma função crítica nas empresas e a eficiência desses profissionais tem um impacto significativo no sucesso do negócio e, especificamente, em manter um alto nível de serviço ao cliente. Este capítulo tem os seguintes objetivos:

- Treinar pessoas nos conhecimentos técnicos na área de administração de materiais, que as habilitem a ingressar no mercado de trabalho como, por exemplo, almoxarife, estoquista, auxiliar de estoque, auxiliar de almoxarife, auxiliar de almoxarifado ou em atividades similares no controle de estoque de materiais.

- Desenvolver funcionários que já atuam na área de almoxarifado ou em controle de estoque e que necessitam de aperfeiçoamentos profissionais para um melhor desempenho ou conseguir promoções em suas profissões.

- Auxiliar empresas que queiram requalificar seus almoxarifes, auxiliares de estoque, estoquistas, encarregados de controle de estoque etc., com o objetivo de aumentar a produtividade, melhorar os níveis de serviço, além de reduzir custos.

Cada função requer competências, habilidades específicas e necessárias para o bom desempenho da atividade logística. As principais funções da atividade logística são as seguintes:

- Auxiliar de serviços gerais

- Ajudante de carga e descarga

- Ajudante de suprimento

- Encarregado de suprimento

- Supervisor de logística

- Coordenador de suprimento

- Gerente de logística (ou suprimento)

A seguir, detalharemos as competências e as habilidades requeridas para cada função que está ligada ao nível de escolaridade e conhecimento do profissional.

Auxiliar de Serviços Gerais

1 - Competências:

- Identificar e interpretar as diretrizes do trabalho aplicáveis à função

2 - Habilidades:

- Habilidade em executar arrumação e organização de materiais em paletes

- Levantar as necessidades da área de suprimentos quanto aos materiais de apoio para a arrumação e a organização

- Operar equipamentos específicos da área de logística (máquina lavadora de piso, enceradeira profissional, prensa de sucata etc.)

- Bom relacionamento (fazer parte de equipes de trabalhos)

Ajudante de Carga e Descarga

1 - Competências:

- Identificar e interpretar as diretrizes do planejamento aplicáveis à função

2 - Habilidades:

- Habilidade em executar arrumação e organização de acessórios de movimentação e amarração de carga

- Realizar o levantamento da necessidade dos acessórios de movimentação e amarração de carga

- Executar carregamento e descarregamento sob supervisão de um profissional técnico especialista na área

- Levantar as necessidades da área quanto aos materiais de apoio para a arrumação e a organização de cargas

116 | Introdução à Logística - O Perfil do Profissional

- Analisar e calcular as dimensões e os pesos para a arrumação, movimentação e transporte de mercadorias sob supervisão de um profissional técnico especialista na área

- Operar equipamentos específicos da área de logística

- Trabalhar em transbordo e desembarque de cargas

- Bom relacionamento (fazer parte de equipes de trabalhos)

Ajudante de Suprimento

1 - Competências:

- Identificar e interpretar as diretrizes do planejamento aplicáveis à função

2 - Habilidades:

- Executar tarefas sob supervisão de um profissional técnico especialista na área

- Levantar as necessidades da área de suprimentos (matéria-prima e outros insumos) para a operacionalização da produção

- Analisar as dimensões e os pesos para o transporte de mercadorias

- Operar equipamentos específicos da área de logística (empilhadeira, ponte rolante, monta-carga etc.), desde que devidamente habilitado

- Trabalhar em transbordo e desembarque de cargas

- Fazer parte de equipes de trabalho

- Habilidade em avaliar mercadorias

- Habilidade em verificar violação de embalagens e lacres

- Habilidade em planejar e organizar

Capítulo 8 - Competências e Habilidades Exigidas pelo Mercado | 117

- Comunicação verbal

- Compreensão verbal

- Habilidade em lidar com pessoas de vários níveis, tanto dentro da organização quanto com transportadores

Assistente de Suprimento

1 - Competências:

- Identificar e interpretar as diretrizes do planejamento aplicáveis à função

- Identificar as estruturas orçamentárias das organizações e relacioná-las aos processos de gestão específicos

- Possuir base para realizar cálculos e operações aritméticas básicas

2 - Habilidades:

- Possuir atenção concentrada

- Controlar o fluxo de materiais e informações

- Executar projetos logísticos sob supervisão de um profissional graduado especialista na área

- Levantar as necessidades da área de suprimentos (matéria-prima e outros insumos) para a operacionalização da produção

- Raciocínio espacial (analisar e calcular dimensões e pesos para o transporte de mercadorias)

- Operar equipamentos específicos da área de logística

- Atuar como agente de transportes (cotações, frete, vendas etc.)

- Trabalhar no controle de transbordo e desembarque de cargas

- Fazer parte de equipes de trabalho

Supervisor de Logística

1 - Competências:

- Identificar e interpretar as diretrizes do planejamento aplicáveis à função

- Identificar as estruturas orçamentárias e societárias das organizações e relacioná-las aos processos de gestão específicos

2 - Habilidades:

- Possuir atenção distribuída

- Programar e controlar na produção o fluxo de materiais e informações

- Realizar o levantamento de custos logísticos

- Desenvolver projetos logísticos sob supervisão de um analista de suprimento especialista na área

- Levantar as necessidades da área de suprimentos (matéria-prima e outros insumos) para a operacionalização da produção

- Executar projetos de sistemas logísticos

- Analisar e calcular dimensões e pesos para o transporte de mercadorias

- Operar equipamentos específicos da área de logística

- Atuar como agente de Comércio Exterior (cotações, frete, vendas etc.)

- Trabalhar em roteirização, transbordo e desembarque de cargas

- Gerir equipes de trabalhos

- Habilidade em negociar

- Habilidade em avaliar mercadorias

- Habilidade em planejar e organizar

- Habilidade em usar aplicações e planilhas no computador

Capítulo 8 - Competências e Habilidades Exigidas pelo Mercado 119

- Habilidade em fazer cálculos

- Boa comunicação

- Habilidade em lidar com pessoas de vários níveis da organização

- Habilidade em desenvolver boas relações com clientes internos

- Habilidade em desenvolver boas relações com fornecedores

Coordenador de Suprimentos

1 - Competências:

- Identificar e interpretar as diretrizes do planejamento aplicáveis à gestão organizacional

- Identificar as estruturas orçamentárias e societárias das organizações e relacioná-las aos processos de gestão específicos

- Interpretar resultados de estudos de mercado, econômicos ou tecnológicos, utilizando-os no processo de gestão

2 - Habilidades:

- Planejar, programar e controlar a produção e todo o fluxo de materiais, informações e pessoas

- Realizar o levantamento de custos logísticos

- Desenvolver projetos logísticos

- Levantar as necessidades da área de suprimentos (matéria-prima e outros insumos) para a operacionalização da produção

- Planejar e supervisionar a execução de projetos de sistemas logísticos

- Analisar e calcular dimensões e pesos para o transporte de mercadorias

- Modelar e simular ambientes fabris para a otimização do processo

- Atuar como agente de Comércio Exterior (cotações, frete, vendas etc.)

- Trabalhar na roteirização, transbordo e desembarque de cargas

- Orientar as equipes de trabalhos

- Habilidade em negociar.

- Habilidade em avaliar mercadorias

- Habilidade em planejar e organizar

- Habilidade em usar aplicações e planilhas no computador

- Habilidade em fazer cálculos

- Boa comunicação

- Habilidade em lidar com pessoas nos vários níveis da organização

- Habilidade em desenvolver boas relações com os clientes

Gerente de Logística (ou Suprimento)

1 - Competências:

- Identificar e interpretar as diretrizes do planejamento aplicáveis à gestão organizacional

- Identificar as estruturas orçamentárias e societárias das organizações e relacioná-las aos processos de gestão específicos

- Interpretar resultados de estudos de mercado, econômicos ou tecnológicos, utilizando-os no processo de gestão

2 - Habilidades:

- Planejar, programar e controlar a produção e todo o fluxo de materiais, informações e pessoas

Capítulo 8 - Competências e Habilidades Exigidas pelo Mercado | 121

- Realizar o levantamento de custos logísticos

- Desenvolver projetos logísticos

- Levantar as necessidades da área de suprimentos (matéria-prima e outros insumos) para a operacionalização da produção

- Planejar e supervisionar a execução de projetos de sistemas logísticos

- Analisar e calcular o transporte de mercadorias

- Modelar e simular ambientes fabris para a otimização do processo

- Atuar como agente de Comércio Exterior (cotações, frete, vendas etc.)

- Trabalhar na modelagem de sistemas de roteirização, transbordo e desembarque de cargas

- Orientar e treinar equipes de trabalhos

Módulo Específico III

- A CIÊNCIA LOGÍSTICA -

Os assuntos abordados neste módulo irão contemplar as habilidades técnicas específicas da atuação profissional, por meio da aquisição e da aplicação dos conhecimentos adquiridos.

Uma definição para a logística afirma que ela é "O tempo relativo ao posicionamento de recursos". Como tal, a logística geralmente se estende desde a área de gestão até ramo da Engenharia, gerando sistemas humanos integrados aos das máquinas.

Daí vem que a logística é a arte, a ciência e a técnica de bem conjugar conhecimentos especializados (científicos) de diversas áreas do saber com a sua viabilidade técnico-econômica, para produzir novas utilidades em conformidade com ideias bem planejadas e em observância aos imperativos da preservação ambiental e da conservação ambiental, na escala que se fizer necessária.

Tradicionalmente, a logística lidava apenas com objetos concretos, palpáveis. Modernamente, porém, esse cenário mudou e deu lugar ao trato também de entidades ou objetos abstratos, não palpáveis. Tais são, por exemplo, os custos logísticos, a simulação computacional, entre outros. Pode-se incluir nesse novo rol, também a logística verde que tem grande preocupação com o ambiente. Concluímos que a prática logística envolve certo grau de abstração.

O raciocínio é uma capacidade cognitiva presente em todo ser humano. De modo geral, seu processamento não é complicado quando se leva em conta que a todo o momento, fazemos uso de tal capacidade, pois constantemente precisamos tomar decisões. Desta forma, raciocinar é tirar conclusões a partir de princípios e evidências.

Capítulo 9

Estudo da Atividade Logística

"Se você acha que a educação é cara, tenha a coragem de experimentar a ignorância."

(Derek Bok)

Introdução à Logística - O Perfil do Profissional

A logística pode ser definida como o processo de planejamento, implementação e controle do fluxo e armazenagem eficientes e de baixo custo de matérias-primas, estoque em processo, produto acabado e informações relacionadas, desde o ponto de origem até o ponto de consumo, com o objetivo de atender aos requisitos do cliente (Associação Brasileira de Logística, 2003). Podemos dividir o estudo da atividade logística em três grandes linhas de conhecimento:

1. Ciência Logística

2. Engenharia Logística

3. Logística Aplicada

Ciência Logística

Ciência é o conjunto de conhecimentos produzidos e historicamente acumulados, dotados de universalidade e objetividade, estruturados por meio de métodos, teorias e linguagem própria que permitem sua transmissão e compreensão da natureza das atividades. No caso específico do estudo das atividades logísticas, temos a ciência logística. Essa ciência tem como finalidade básica investigar, no cotidiano da atividade logística, as práticas, valores, crenças e representações que ali são praticadas e daí, estudar e desenvolver conceitos que serão transformados em ferramentas pela Engenharia logística e aplicados pelos profissionais que atuam na logística aplicada.

Principais Áreas de Estudo

Os campos atualmente em desenvolvimento pela ciência logística são:

- Estudo dos sistemas complexos aplicados à coleta e à distribuição

- Desenvolvimento de algoritmos para sistemas de gestão de materiais

- Estudo de redes neurais

- Estudo da dependabilidade em sistemas de materiais

- Desenvolvimento da logística verde

- Desenvolvimento do bacharelado em Engenharia logística

Engenharia Logística

É a arte de aplicar conhecimentos científicos, empíricos e certas habilitações específicas à criação de estruturas, dispositivos e processos de forma adequada a atender as necessidades das estruturas produtivas.

A Engenharia logística é uma vertente da logística empresarial, porém, com uma base em uma perspectiva científica. A Engenharia logística envolve a aplicação de técnicas da Engenharia da manutenção, produção, qualidade e logística empresarial e industrial em uma análise qualitativa com a concepção de infundir conceitos de confiabilidade.

Como forma de melhorar o desempenho das empresas perante seus *stakeholders* (acionistas, clientes, fornecedores, funcionários, governo etc.), houve a concepção da Engenharia logística; este ramo da logística promove a análise das condições de risco geradas pela própria empresa, permeando-a. Como resultado, apresenta-se o conceito concebido, além da metodologia na qual é baseado. Finalmente, essa filosofia permite corrigir distorções na área de gestão de riscos logísticos, transferindo suas prioridades do nível operacional para o nível estratégico.

Aplicação da Engenharia na Atividade Logística

As máquinas simples são dispositivos de Engenharia que, apesar da simplicidade, trouxeram grandes avanços para a humanidade e tornaram-se a base para todas as demais máquinas criadas ao longo da história. As máquinas simples são dispositivos capazes de alterar a força aplicada ou simplesmente mudá-la de direção e sentido. São consideradas máquinas simples os seguintes dispositivos:

1. Roda – a roda transmite, de maneira amplificada para um eixo de rotação, qualquer força aplicada na sua borda, reduzindo desta forma a transmissão, tanto da velocidade quanto da distância nas quais foram aplicadas. Um fator importante na transmissão de força, velocidade e distancia é a relação entre o diâmetro da borda da roda e o diâmetro do eixo.

2. Eixo de rotação – é o ponto em volta do qual se realiza um movimento de um corpo, tendo em cada ponto a mesma velocidade angular. O eixo é

geralmente representado por uma reta espacial. Quando é ao redor de seu próprio eixo, diz-se rotacional.

3. Alavanca – trata-se de um objeto rígido que é usado com um ponto fixo apropriado para multiplicar a força mecânica que pode ser aplicada em outro objeto.

4. Polia ou roldana – É uma peça mecânica constituída por uma roda lisa e sulcada em sua periferia, utilizada para transmitir força e movimento. Pode ser acionada por corda, cinta, correia ou corrente.

5. Cunha – É uma ferramenta em forma de prisma agudo em um dos lados e que se insere no vértice de um corte para melhor fender, calçar, nivelar ou ajustar uma peça qualquer.

6. Engrenagem – É um elemento mecânico composto de rodas dentadas que se ligam a um eixo rotativo ao qual imprimem movimento.

7. Mola – É uma peça elástica e flexível usada para armazenar energia mecânica. As molas são confeccionadas com arame geralmente metálico (aço endurecido).

8. Parafuso – inventado por Archytas de Tarento em cerca de 400 a.C. Trata-se de eixo com um cume ou uma linha helicoidal e uma cabeça, ou não, em uma das pontas.

As máquinas simples atuando em conjunto formam as máquinas complexas que hoje operam no mundo.

Aplicação da Engenharia Logística na Área Militar

Vamos também detalhar um pouco a aplicação da Engenharia logística na área militar e sua utilização ao longo do tempo.

Alexandre, o Grande, foi o primeiro dos conquistadores a empregar uma equipe especialmente treinada de engenheiros e contramestres (denominação do profissional de logística), além da cavalaria e da infantaria. Esses primitivos engenheiros militares desempenharam um papel importante para o sucesso

Capítulo 9 - Estudo da Atividade Logística | **131**

de Alexandre, o Grande, pois tinham a missão de estudar como reduzir a resistência das cidades que seriam atacadas. Os contramestres, por sua vez, operacionalizavam o melhor sistema logístico existente naquela época. Eles seguiam à frente dos exércitos com a missão de comprar todos os suprimentos necessários e de montar armazéns avançados no trajeto. Aqueles que cooperavam eram poupados e, posteriormente, recompensados; aqueles que resistiam, eram assassinados. Estima-se que o exército de 35.000 homens de Alexandre, o Grande, consumia diariamente cerca de 100 toneladas de alimentos e 300.000 litros de água!

O combatente do exército de Alexandre, o Grande, não podia carregar mais do que 10 dias de suprimentos, mas mesmo assim, suas tropas marcharam milhares de quilômetros, a uma média de 45 quilômetros por dia. Seu exército percorreu 6.400 km, na marcha do Egito à Pérsia, passando pelo Afeganistão e pela Índia, a marcha mais longa da história. Outros exércitos da época se deslocavam a uma média de 16 ou 17 quilômetros por dia, pois dependiam do carro de boi, que fazia o transporte dos alimentos. Um carro de boi se deslocava a aproximadamente 3,5 quilômetros por hora, durante 5 horas, até que os animais se esgotassem.

Também inovou nos armamentos. Seus engenheiros desenvolveram um novo tipo de lança, chamada *sarissa*, que tinha 6 metros de comprimento, largamente utilizada pela infantaria. Com esse armamento, derrotou um exército combinado de persas e gregos de 40.000 homens, perdendo apenas 110 soldados. Em 333 a.C., seu exército derrotou um exército de 160.000 homens comandados por Darius, rei da Pérsia, na batalha de Amuq Plain.

Devido a esse sucesso, a grande maioria das cidades se rendeu ao exército macedônico sem a necessidade do derramamento de sangue. Assim, Alexandre, o Grande, criou o mais móvel e mais rápido exército da época.

Em 304 a.C. Demétrio, o primeiro rei dos macedônios, mandou seus engenheiros militares projetar e construir a maior torre de cerco que se tem notícia (fig. 9.1). Esta máquina de guerra tinha 42 m de altura e pesava cerca de 130 ton., e foram utilizados 3.000 soldados para movê-la até o campo de batalha. Foi utilizada no cerco à cidade de Rodes.

Figura 9.1: Esboço de uma torre de cerco

Em 218 a.C., o general Aníbal inovou durante a Segunda Guerra Púnica entre Cartago e Roma, utilizando 20.000 cavalos para o transporte de 60.000 homens e suprimentos na travessia dos Pirineus em direção à Itália, uma marcha de 4.500 km. Utilizou também elefantes na batalha contra Roma, o que era uma novidade na época e foi considerado um dos grandes feitos na área de transportes o deslocamento desses elefantes de Cartago até Roma.

Na antiguidade, as guerras eram longas e, geralmente, distantes dos centros de decisão, assim, eram necessários grandes e constantes deslocamentos de recursos. Para transportar as tropas, armamentos e carros de guerra pesados até os locais de combate, eram necessários planejamento, organização e execução de tarefas logísticas, que envolviam a definição de uma rota, nem sempre a mais curta, pois era necessário ter uma fonte de água potável próxima, transporte, armazenagem e distribuição de equipamentos e suprimentos.

Durante a Primeira e Segunda Guerras Mundiais (1939-1945), as forças em conflito necessitavam, para fazer avançar as suas tropas, de capacidade logística (poder), de forma a movimentar e manter grandes quantidades de soldados e mantimentos de guerra nas frentes de batalha da Europa e da Ásia. A atividade logística estava relacionada à movimentação e à coordenação das tropas, armamentos e munições para os vários locais, no mais curto espaço de tempo e nas piores condições possíveis.

A Guerra do Golfo, em 1991, representou o maior movimento de tropas e materiais no mais curto espaço de tempo de que se tem memória em termos militares e ficou como um marco na história da aplicação do raciocínio logístico dentro de um período limitado de tempo, o que fez da operação "Tempestade no Deserto" um dos mais importantes eventos militares mundiais da história da humanidade. Esse conflito trouxe ensinamentos muito importantes e dados para uma profunda reflexão no campo da logística. A partir de então, a logística adquiriu proporções nunca antes alcançadas em termos de reflexão dos pensadores e dos especialistas militares. Na verdade, a operação logística foi de tal envergadura que se tornava essencial, até mesmo crítico, perceber o caráter tecnológico de toda a operação: Qual é o objetivo exato da movimentação? Qual o seu custo e o seu real benefício? Posto isto e ficando, contudo, muitas respostas por esclarecer, a verdade é que se tornou fundamental ter um sistema logístico. Ocorrências posteriores a esta vieram lançar ainda maior discussão sobre o pensamento logístico e a necessidade de questionar e reavaliar (Guerra no Afeganistão e no Iraque).

Desenvolvimento de Equipamentos

O Palete

São peças constituídas de um tablado de madeira (vide figura 9.2), metal, plástico ou outro material, com forma adequada para ser usado por empilhadeira ou guindaste. Permite a superposição segura e a movimentação fácil de mercadorias em armazéns, pátios de carga e por veículos de transporte. Pode ser utilizado com cintas de aço ou plásticas para formar um conjunto integrado (paletização), quando usado para movimentar sacaria, caixaria, tambores etc. Um dos tipos existentes é o estrado caixa, que é usado para o material frágil, peças pequenas e embalagens de forma cilíndrica de reduzido diâmetro.

Figura 9.2- Palete de uma face

O Contêiner

Trata-se de um contentor formado por uma caixa ou recipiente metálico ou plástico no qual uma mercadoria, após ser fechada sob lacre (lacrado), é transportada no porão e/ou convés de navios, caminhões, trens ou aviões para ser aberta (desovada) no porto ou local de destino. Entre suas características, citam-se:

- Destinado a conter a carga com segurança, permitindo fácil carregamento e descarregamento

- De caráter durável, suficientemente resistente para suportar um uso repetitivo

- Adequado à movimentação mecânica e ao transporte por diferentes equipamentos de transporte

Os tipos mais comuns são:

- Contêiner Comum - Carga Geral Diversificada (mixe geral de cargo)

- Contêiner Tanque – Produtos Líquidos

- Contêiner Teto Aberto – Carga alta

- Contêiner Frigorífico – Produtos Perecíveis

- Prancha – Veículos

- Contêiner Flexível – Também conhecido como big bag (vide figura 9.6.), consiste em um saco resistente utilizado para o acondicionamento de granéis sólidos

- Contêiner Flat Rack – Tipo de contêiner aberto, possuindo apenas paredes frontais, usado para cargas compridas ou de forma irregular, que, de outro modo, teriam de ser transportadas soltas em navios convencionais.

Capítulo 9 - Estudo da Atividade Logística | 135

Figura 9.3 – Exemplo de contêiner tanque (isotank)

Figura 9.4 e 9.5 – Flat Rack e contêineres frigoríficos

Figura 9.6 Contêiner flexível

Logística Aplicada

É a parte da administração das organizações que trata do planejamento e execução de:

1. Cadastramento, obtenção, coleta e transporte

2. Recebimento, conferência, preservação e armazenamento

3. Formação de pedidos, expedição e distribuição

4. Fluxo reverso

Logística aplicada ao lugar onde a empresa irá funcionar

Verificação da facilidade ou não de acesso, proximidade de malhas rodoviárias e ferroviárias para o escoamento da produção ou recepção de matérias-primas. Custo do local, segurança do local e como o local influenciara na imagem que os clientes terão da empresa.

Logística aplicada à compra de maquinaria

Se há facilidade de receber ou não as máquinas ou elementos necessários para a estruturação da empresa. A existência da facilidade para a assistência técnica da maquinaria, se fica próxima aos revendedores da mesma e se há facilidade técnica para o conserto no local ou remoção.

Tendo a maquinaria, se o problema que alguma máquina apresentar pode ou não prejudicar o funcionamento da empresa, se há possibilidade de maquinaria suplente ou reserva e se o prejuízo de uma eventual paralisação afeta os lucros ou não da empresa.

Se a maquinaria tem um ciclo de vida curto ou longo, se haverá necessidade de trocas constantes ou não, qual seria o tempo dessas trocas ou da manutenção em si e o valor deste serviço etc.

Logística aplicada à aquisição de mão-de-obra

Se o número de funcionários é adequado à estrutura da empresa, se são qualificados para a utilização da maquinaria, se será possível conseguir mão-de-obra local ou virá das circunvizinhanças, se haverá necessidade de treinamento ou capacitação dessa mão-de-obra, se será constante ou esporádica, se haverá necessidades especiais de segurança para a utilização da maquinaria e o desempenho das atividades nas instalações da empresa etc.

Tendo a mão-de-obra qualificada, quais são os pisos e as convenções de cada categoria e seus benefícios garantidos por lei. Quais seriam os estímulos que a empresa pode oferecer, qual seria a política de carreira e como tratar as eventuais situações de impasse.

Logística aplicada à produção

Tendo a maquinaria e a mão-de-obra, como produzir de forma a atender a demanda, como minimizar os gastos com a produção, como produzir de forma segura e constante, e havendo necessidade da constância, como fazê-lo e como armazenar e controlar o estoque de produtos, como evitar a produção em excesso etc.

Uma vez produzindo, como escoar a produção de forma rápida e segura, evitando perdas e gastos, se há necessidade de frota própria ou não, os custos e tempo de envio etc.

Logística aplicada ao cliente

Como o cliente recebe a mercadoria, como ele se relaciona com o material, qual a opinião dele sobre o material, quais são as sugestões, qual é o fator que ele prima mais, se é o preço ou qualidade, como se efetuam as reposições etc.

Tendo o material, como o cliente vê a empresa, quais são as estratégias de *marketing*, qual é o custo ou o investimento em publicidade, se há responsabilidade social ou ambiental, se a marca é bem recebida e é confiável etc.

Os detalhes acima descritos servem para expor, de forma resumida, como a logística pode ser aplicada na vida de uma empresa.

Apesar dos avanços verificados no passado, apenas no século XVII a logística passou a ser utilizada dentro dos modernos princípios militares.

Essa situação perdurou até meados do século XX, sendo resgatada pelos militares americanos que fizeram uso da logística no conflito bélico durante a Segunda Guerra Mundial.

Capítulo 10

Segmentação da Logística Aplicada

Dentição x Cauda
"Comparação padrão entre o tamanho da unidade de combate (dentes) e a infraestrutura de apoio, suporte e utilidades (cauda)."

Máxima da logística militar

140 | Introdução à Logística - O Perfil do Profissional

Logística é uma mistura de arte, engenharia e ciência. Para os fins deste livro, o foco principal será a logística aplicada. Para uma definição mais adequada das atividades da logística aplicada, esta deve ser segmentada conforme sua aplicação. Essa segmentação pode ser conforme segue:

- Logística Empresarial

- Logística Industrial

- Logística da Manutenção

- Logística Hospitalar

- Logística de Eventos

- Logística Militar

- Logística Verde

Aplicação da Logística

Conforme as referências curriculares nacionais da área profissional de gestão, da qual os cursos de logística fazem parte, por sua própria natureza de atividade-meio, está presente em todas as atividades econômicas. Pode-se dizer, de forma genérica, que essas atividades estão direcionadas à oferta de apoio e ao suporte logístico para todas as atividades produtivas em qualquer que seja o setor econômico no qual elas se desenvolvem.

Logística Empresarial

A logística empresarial pode ser definida como o conjunto de atividades onde estão englobadas as atividades de gestão de estoque, compra, transporte, movimentação, armazenagem e distribuição que definem os fluxos dos produtos, desde o ponto de aquisição da matéria-prima até o ponto de consumo final. A logística empresarial também engloba o estudo e a definição dos fluxos de informações que colocam os produtos em movimento, com o propósito de gerar níveis de serviço adequados aos clientes a um custo razoável.

Logística Industrial

Quando se fala em produção no mundo atual, temos em conta o pessoal, máquinas, sistemas de qualidade e matéria-prima. Com qualquer nível de automação, a qualidade do produto final é determinada, entre outros fatores, pelo desempenho do equipamento/máquina que o fabrica. Tradicionalmente, a manutenção, logística e sistemas de qualidade têm sido analisados separadamente. Ben-Daya (2002) apresenta um modelo matemático que leva em consideração a deterioração do equipamento no processamento da produção de lotes econômicos. Badía *et al.* (2002) discutem essa questão relacionando uma manutenção ineficaz com a necessidade de inspeções mais frequentes, o que eleva o custo da produção com a implantação de um controle de qualidade rígido. O mesmo pode-se dizer da logística - quando adquirimos materiais de fornecedores não confiáveis, é necessária a implantação de um controle de qualidade rígido na inspeção do recebimento.

A deterioração das condições ótimas dos equipamentos (devido à qualidade do equipamento quanto às peças sobressalentes) leva a desvios no processo e aumento dos custos de produção com a consequente queda de qualidade do bem produzido.

A busca pela qualidade do processo industrial e do produto passa pela qualidade da logística, sem a qual, o montante investido em sistemas de gestão da qualidade pode ser inteiramente perdido.

Logística da Manutenção

As boas qualidades das funções logísticas podem evitar a deterioração das funções operacionais dos equipamentos, especialmente aquelas que levam à falha oculta, resultando na incapacidade do processo. Apenas uma política de logística industrial adequada pode garantir que o processo não perderá sua capacidade devido aos desvios provocados por problemas nos equipamentos.

A busca incessante da produção máxima pelas empresas, que estão focadas na redução de custos e no aumento da produtividade, pode desviar a companhia do real caminho para sua sobrevivência no mercado. A via para manter-se e ganhar novos mercados está na qualidade e na produtividade. A busca da qualidade e da produtividade passa por diversas questões, tais como as políticas de gestão de estoque, análise do melhor sistema de manutenção, treinamento da

142 | Introdução à Logística - O Perfil do Profissional

equipe, produção e outros fatores estratégicos. O papel da logística da manutenção mostra-se essencial na garantia, tanto da qualidade quanto da produtividade empresarial.

A logística da manutenção deve ser encarada como uma função estratégica na obtenção dos resultados da organização e deve estar direcionada ao suporte do gerenciamento e à solução de problemas, lançando a empresa em patamares competitivos de qualidade e produtividade.

O fator custo na logística e na manutenção, quando analisado isoladamente, acaba inibindo as empresas a considerar em sua estratégia essa variável, relegando-a a uma posição secundária ou, mesmo, a ser vista como um mal necessário. A logística da manutenção é vista como uma área de Apoio Logístico (AL) e é estabelecida como um conjunto de procedimentos e metodologias empregadas para realizar o apoio para o planejamento, desenvolvimento, engenharia, produção e gestão, que são indispensáveis para assegurar a logística de entrega de materiais e equipamentos e os sistemas de suporte à manutenção. A engenharia logística envolvida na análise da política da manutenção foi inicialmente implementada na década de 70 e foi integrada com a consequente evolução do conceito de ciclo de vida do produto. O AL não é, ele próprio, uma entidade disciplinar, trata-se de um processo que visa orquestrar uma multiplicidade de atividades logísticas e de sistemas de engenharia para conseguir o sistema ótimo de suporte à manutenção.

Ao mesmo tempo, hoje, reconhece-se que um sistema baseado no AL, traz economias de escala associadas a programas de qualidade típicos e é viável para a produção comercial normal. Existem princípios pertinentes que poderão ter aplicações benéficas para os sistemas produtivos.

A manutenção é encarada como essencial também nos sistemas de gestão da qualidade, como, por exemplo, a ISO 9000 (Kardec & Nascif, 2001).

Existem funções que medem a qualidade do serviço fornecido por um sistema produtivo e essas funções são:

- Dependabilidade

- Confiabilidade

- Disponibilidade

- Mantenabilidade

- Qualidade assegurada

- Apoiabilidade

- Suportabilidade

Logística Hospitalar

A gestão logística nas organizações de saúde - hospitais, clínicas e centros médicos - vem passando, nos últimos anos, por profundas transformações, principalmente nos EUA, União Europeia e Sudeste Asiático. É sabido, nessas regiões, que o custo total associado à gestão de estoques de medicamentos pode representar entre 35 e 50% do custo operacional total numa organização privada de saúde e pode consumir entre 16 e 28% do orçamento anual de um hospital com mais de 50 leitos. Em 1994, os custos relacionados à gestão de estoques num típico hospital norte-americano alcançaram US$ 16,7 milhões/ano.

Mais importante que a própria magnitude do custo total associado à gestão de estoques é o seu crescimento ano a ano: nos últimos dez anos, esse custo cresceu muito mais rapidamente que os índices de preços ao consumidor nos EUA. Tomando a economia norte-americana como parâmetro de comparação, um fenômeno semelhante deve estar sendo verificado em outros países, direcionando a atenção dos profissionais da área para a redução dos custos relacionados à gestão de estoques. A questão é como reduzir esses custos através de maior eficiência operacional e de ganhos de produtividade, como resultado da implementação de técnicas adequadas de gestão logística, e não à custa da deterioração da qualidade do serviço de saúde prestado aos pacientes.

De acordo com a CSC Consulting, a gestão de estoques em organizações de saúde "tende a ser direcionada pelo quadro de médicos - que definem os medicamentos e exigem a manutenção de elevados níveis de estoque - para um ambiente de fluxo de produtos descontínuo e de fluxo de informações baseado em papel, onde a tecnologia e os sistemas de suporte à decisão adotada são incipientes, as práticas comerciais são ineficientes e os custos de administração de contratos são elevados".

144 | Introdução à Logística - O Perfil do Profissional

Uma pesquisa conduzida em 117 hospitais dos Estados da Geórgia, do Alabama e da Flórida (EUA) é esclarecedora sobre o estágio atual da gestão logística nas organizações de saúde e seu potencial de evolução futura. Considerando os Estados Unidos como parâmetro de comparação e polo irradiador de iniciativas e tendências gerenciais para o restante do mundo, é possível avaliar as transformações pelas quais passarão as organizações de saúde no Brasil.

A gestão de estoques é citada pela grande maioria dos gerentes, analistas e supervisores de materiais desses 117 hospitais pesquisados como a principal função ou tarefa de seu cargo. Esses gerentes também apontaram que a gestão de estoques é a função com maior carência de informatização no âmbito das organizações de saúde. Na maioria das vezes, o controle e a tomada de decisão são feitos sem o uso de sistemas computacionais específicos de suporte à decisão, isto é, são utilizadas planilhas Excel ou softwares de administração de materiais hospitalares.

Considerando a natureza complexa dos serviços de saúde, esse estudo aponta que não apenas diferentes técnicas de gestão de estoques podem ser aplicadas simultaneamente neste setor (segmentação por tipo de medicamento ou item), mas também que existe uma enorme oportunidade para a adoção de técnicas mais sofisticadas, seja na programação de compras, seja no desenvolvimento de novas relações comerciais com a indústria farmacêutica de modo geral (laboratórios e distribuidores).

Logística de Eventos

A gestão logística de eventos é uma ocupação que vem demandando profissionais qualificados para o desenvolvimento dos trabalhos nas áreas de apoio e suporte a eventos. Esse profissional tem por função principal receber, armazenar e gerir todos os materiais, serviços, utilidades e informação utilizados pelas organizações durante um evento.

Elaboradas para servir como ferramenta de trabalho, as teorias da logística de eventos fornecerão conhecimentos teóricos, assim como indicarão regras e procedimentos especiais que orientarão o profissional de eventos no desenvolvimento do seu trabalho, possibilitando um melhor desempenho prático.

Neste mercado, encontram-se os organizadores de eventos que se constituem de empresas privadas com larga experiência de mercado e que se dedicam à organização geral dos eventos sob sua responsabilidade, prestando serviços altamente profissionais. Do outro lado, existem planejadores de eventos possuindo apenas noções básicas de organização e encarando o seu trabalho como um serviço de apoio, que, frequentemente, não é a sua atividade mais importante.

Logística Militar

Desde antes dos tempos bíblicos, os líderes militares já se utilizavam da logística. As guerras eram longas e geralmente distantes, eram necessários grandes e constantes deslocamentos de recursos (homens, equipamentos e alimentos). Para transportar as tropas, armamentos e carros de guerra pesados para os locais de combate, eram necessários um planejamento, organização e execução de tarefas logísticas, que envolviam a definição de rotas, nem sempre as mais curtas, pois era necessário ter uma fonte de água potável próxima, transporte, armazenagem e distribuição de equipamentos e suprimentos (Dias, 2005).

Durante as guerras, as forças em conflito necessitavam fazer avançar as suas tropas, já que sua capacidade logística significava poder, de forma a movimentar e manter grandes quantidades de soldados e mantimentos de guerra nas frentes de batalha. Já na antiguidade, a atividade logística estava relacionada com a movimentação e a coordenação das tropas, dos armamentos para os vários locais no mais curto espaço de tempo e nas piores condições possíveis.

Desde que o homem inventou a muralha para proteger cidades e castelos das invasões, estes mesmos invasores inventaram as torres de cerco. Uma torre de cerco era uma máquina sobre rodas desenvolvida para atacar cidades protegidas por muralhas altas e de pedra. Constituía-se de uma grande torre de madeira, com rodas e coberta com couro molhado para minimizar sua vulnerabilidade ao fogo. A maior torre de cerco que se tem registro histórico foi a utilizada por Demétrio I, rei da Macedônia em 290 a.C. Este máquina de guerra tinha cerca de 40 m de altura, 9 andares 130 ton. de peso. Foi utilizada para a conquista da cidade de Rodes e foi necessária a utilização de 3.000 soldados para arrastá-la.

O desembarque da Normandia na Segunda Grande Guerra mundial, em 1944, foi um evento que na época representou o maior movimento de tropas e materiais no mais curto espaço de tempo em termos militares e ficou como um marco na história da aplicação do raciocínio logístico dentro de um período limitado de tempo, o que fez dessa operação um dos mais importantes eventos da logística militar da história da humanidade. Esse conflito trouxe ensinamentos muito importantes e dados para uma profunda reflexão no campo da logística. A partir de então, a logística adquiriu proporções nunca antes alcançadas em termos de reflexão dos pensadores e de especialistas militares.

Na verdade, na Segunda Grande Guerra a operação logística foi de tal envergadura que se tornava essencial, e até mesmo crítico, perceber o caráter tecnológico de toda a operação. Posto isto e ficando, contudo, muitas respostas por esclarecer, a verdade é que se tornou fundamental ter um sistema logístico eficiente.

Capítulo 11

Redes de Atividades Logísticas

"É na organização do pensar que se inicia o aprender da lógica."

148 | Introdução à Logística - O Perfil do Profissional

Desde os tempos mais remotos, a logística tem sido um fator-chave na orientação do desenlace de muitos conflitos. Em seu livro "Alexandre, o Grande, e a Logística da Guerra da Macedônia", Donald Engels (Engels, 1992) descreve a logística utilizada por trás de um grande evento, que foi a marcha, de 4000 milhas, das tropas comandadas por Alexandre em 326 a.C. Essa marcha foi do Egito até a Índia, passando pela Pérsia e Afeganistão. Lembrando sempre que nessa época não existiam estradas pavimentadas e sim, apenas trilhas.

Já os romanos, centenas de anos depois, por sua vez, tinham a seu favor uma malha de 10.000 milhas em estradas pavimentadas com pedra, devidamente preparadas para carruagens, o que permitia um melhor planejamento de suas ações militares, principalmente quanto à previsão de suprimentos necessários para apoiar as tropas. Em tempos mais recentes, há inúmeros exemplos, na literatura, de utilização maciça dos conceitos de logística em grandes eventos militares, tais como, as duas Grandes Guerras mundiais ocorridas no século XX, a guerra do Vietnã e a guerra do Golfo.

No entanto, com certeza, onde a logística obteve maior destaque, em todos os tempos, foi no desembarque das tropas aliadas na Normandia e na Operação Tempestade no Deserto, esta última desencadeada pela coalizão comandada pelos Estados Unidos e Reino Unido, com o objetivo de retirar as tropas iraquianas que teriam invadido o Kuait.

A metodologia sugerida neste livro para a classificação das atividades logísticas propõe a segmentação dessas atividades em redes de atividades. Cabem a essas redes a gestão e a política da logística, por meio do planejamento, supervisão, coordenação, controle, fiscalização e execução das atividades, e foram classificadas em três grandes redes, ou seja:

- Redes de Apoio

- Redes de Suporte

- Redes de Utilidades

Podendo esta ser ou não a classificação que traz o maior benefício em termos de economia para as empresas de pequeno e médio porte, porém, para as empresas de grande porte, sim.

Redes de Apoio Logístico

Cabe à rede de apoio logístico a gestão por meio do planejamento, supervisão, coordenação, controle, fiscalização e execução da aquisição, suprimento, armazenamento, equipamentos, (armamentos, munições), veículos, transportes e contratos administrativos, assim constituídos. As redes de apoio são compostas pelas atividades que dão apoio às atividades produtivas e são compostas pelas seguintes atividades:

- Gestão de estoques

- Aquisição (material e serviço)

- Transporte e movimentação de materiais

- Armazenagem

- Expedição

- Apoio à produção

- Distribuição

- Logística reversa

Gestão de Estoques

O dimensionamento dos estoques consiste em todas as atividades e procedimentos que permitem garantir que a quantidade correta (ou o número correto de unidades) de cada item seja mantida em estoque. O gestor de estoques realiza o controle de estoques e, em geral, o faz com base em critérios técnicos definidos pelos clientes internos.

O controle dos estoques deve ser feito da forma mais eficiente possível, sendo que a medida da eficiência pode ser associada a um ou mais dos seguintes aspectos: quantidade mantida em estoque, custo associado à manutenção do estoque, quantas vezes há falta de um item num período, o giro e que nível de serviço é oferecido.

150 | Introdução à Logística - O Perfil do Profissional

Aquisição

- *Pedidos a Fornecedores* - A coordenação e a execução dos pedidos a fornecedores são, em geral, executadas nesta etapa. Em alguns casos, o cliente transfere a um prestador de serviços logísticos todas ou parte das atividades de acompanhamento dos pedidos.

- *Acompanhamento e Rastreamento de pedidos* - Acompanhamento (*diligenciamento*) dos pedidos a fornecedores, incluindo a condição corrente do pedido e as datas previstas para a entrega.

Transporte e movimentação de materiais

- *Rastreamento de veículos* - Acompanhamento da posição dos veículos que transportam os materiais e os produtos pedidos, através de um sistema de rastreamento via satélite ou rádio, com objetivos tais como gerenciar o processo de forma mais eficiente, aumentar a segurança, monitorar o desempenho dos veículos, entre outros.

- *Transporte Primário* - Execução ou contratação e gerenciamento ou acompanhamento do transporte de bens e materiais, desde os fornecedores até as instalações do cliente ou do próprio prestador de serviços logísticos, com a verificação da conformidade e da qualidade do transporte.

- *Controle e pagamento de fretes* - Controle de todo o transporte realizado por terceiros, contratado pelo cliente ou pelo próprio prestador de serviços logísticos, em termos das viagens realizadas e da autorização ou execução do pagamento de fretes.

- *Roteirização* - Atividade de programação de entrega, em geral, realizada através de um software especifico.

Armazenagem

Na macro atividade de armazenagem, temos os seguintes serviços:

- *Recebimento* - Operacionalização do recebimento dos materiais e produtos pedidos.

Capítulo 11 - Redes de Atividades Logísticas | 151

- *Conferência física (qualitativa)* - Verificação da condição física dos materiais e produtos recebidos, quanto à integridade dos mesmos e das embalagens, e quanto à conformidade em termos de qualidade e validade.

- *Conferência quantitativa* - Verificação da conformidade dos materiais recebidos no tocante à quantidade.

- *Conferência documental* - Verificação da conformidade dos documentos relativos aos materiais recebidos (notas fiscais, manuais, certificados, entre outros).

- *Paletização (unitização) para movimentação interna e armazenagem* - Consolidação de materiais em paletes, visando a movimentação interna, a armazenagem e o transbordo rápido e seguro no transporte externo.

- *Etiquetagem* - Identificação adequada dos materiais colocados em caixas (contendo diversas unidades de um ou mais produtos) e paletes, preferencialmente através de código de barras. As unidades de qualquer produto brasileiro são identificadas através dos códigos de barras EAN-13 ou EAN-8.

- *Controle de estoques* - Para armazenagem, transferência e conteinerização

Expedição

Processo de expedição dos bens materiais incluindo, se necessário, os seguintes serviços:

- *Abastecimento de gôndolas* - Controle dos estoques no ponto de venda através da conferência das quantidades e do reabastecimento das gôndolas.

- *Conferência física, quantitativa e documental*

- *Roteirização*

Introdução à Logística - O Perfil do Profissional

- *Documentação* - Incluindo a ordem de coleta, conhecimento e manifesto, impressão de nota fiscal

- *Embarque*

- *Montagem de kits comerciais* - Agrupamento de unidades de vários itens, formando um novo produto.

Apoio à produção

São atividades cujos objetivos são agilizar e reduzir os custos do processo produtivo e podem incluir:

- *Kanban* – Utilização da técnica japonesa de gestão de materiais e de produção, sinalizada através de um cartão onde é apontada a necessidade ou não de peças na linha de produção.

- *JIT (just-in-time)* - Filosofia de manufatura baseada no fato de que os materiais e os componentes cheguem ao local de produção exatamente no momento em que são necessários, permitindo a redução a zero dos estoques dos componentes básicos. Resume-se em prover as partes necessárias no local correto e no momento certo.

- *Preparação de kits de produção* - Separação dos materiais e dos componentes necessários à produção de um lote programado.

- *Abastecimento de linha* - Transferência para a posição de entrada na linha de produção dos materiais e componentes necessários, no momento oportuno, com controle exercido por meio visual, auditivo ou através de sistema planejado.

Logística Reversa

- *Retirada de paletes vazios* - Separação retirada e retorno dos paletes vazios para uma futura utilização dos mesmos.

- *Retirada de devoluções* - Recebimento e redestino dos materiais e/ou produtos que tenham sido devolvidos pelo cliente.

Redes de Suporte Logístico

Já esta rede é composta das seguintes atividades: planejamento, supervisão, coordenação do controle, fiscalização e execução do transporte de pessoas, documentos, equipamentos, armamentos, munições, viaturas, bens móveis e imóveis, obras e instalações, contratos e área administrativa, assim constituída. Esta rede é composta dos seguintes serviços:

- Segurança institucional e ações de portaria

- Transporte de pessoas

- Protocolo, recepção e distribuição de documentos

- Planejamento e execução dos serviços de conservação e limpeza

- Gestão de arquivo técnico

Para prestar serviços eficientes, o responsável por essa rede deve:

- Qualificar e homologar empresas

- Contratar ou realizar os serviços, negociando o nível de serviço desejado

- Coordenar de forma eficaz as chamadas de emergência

- Conferir e realizar o pagamento de boletins de serviços

- Emitir relatórios de acompanhamento do nível de serviço

- Pesquisar periodicamente os valores praticados nas praças desejadas

- Coordenar de forma eficaz as chamadas de serviços

Rede Logística de Utilidades

Entende-se por utilidade logística o processo que se inicia com o registro de uma solicitação de um recurso para o atendimento de uma necessidade de um processo de qualquer serviço e termina com o fornecimento desse recurso pela

154 | Introdução à Logística - O Perfil do Profissional

entidade administrativa responsável à entidade administrativa solicitante. O ciclo do serviço de utilidade logística apresenta as seguintes etapas:

- *Registro da solicitação e Análise* - Na análise de cada registro de solicitação identifica-se a entidade administrativa solicitante.

- *Definição do provedor do recurso* - Através de um processo interativo entre o operador e a aplicação, é definido (considerando o nível de prioridade do pedido), entre os prováveis provedores, qual será aquele que está em melhores condições de atender ao solicitante, observando os requisitos de menor atraso administrativo e logístico.

- *Solicitação do recurso* - A aplicação Gerência do Suporte Logístico envia a notificação (através da rede) à entidade administrativa provedora definida para que disponibilize o recurso conforme solicitado.

- *Espera da notificação do atendimento à solicitação* - A Gerência do Suporte Logístico emite a notificação ao solicitante para que este providencie, no provedor, o recurso.

- Atualização do controle de recursos e baixa da solicitação.

A rede de utilidades é composta dos seguintes serviços: execução da manutenção dos materiais, equipamentos, viaturas, bens móveis e imóveis, obras e instalações dos contratos administrativos e da área de telecomunicações e informática, assim constituída.

- Disponibilização de ar, energia e pontos de rede

- Disponibilização de água potável e sanitários

- Disponibilização de espaços físicos

Módulo Complementar

- RACIOCÍNIO LÓGICO -

Este módulo é composto por temas que irão conferir ao leitor conhecimentos e habilidades de outras áreas que complementam a formação do profissional e integram a proposta do livro.

O objetivo desse módulo é mostrar como surgiu a lógica e também apresentar ao leitor iniciante, algumas noções básicas de lógica, como também o campo de aplicação desta ciência. Entendemos que este tema contribuirá para uma melhor assimilação dos assuntos tratados pelas demais disciplinas ao longo de um curso de logística. O estudo da lógica fundamenta os raciocínios e as ações, pois o pensamento lógico geralmente é criativo e inovador.

Acredita-se que é do hábito da reflexão que brota a criação. Segundo Paulo Freire, 1979, "em todo homem existe um ímpeto criador. O ímpeto de criar nasce da inclusão do homem". Desta forma, vivenciamos ao longo dos anos de contato com os alunos de turmas profissionalizantes no SENAI e verificamos que o processo da educação deve ser desinibidor e estimulado através da prática. Quando o educando tem a oportunidade de praticar o que esta sendo apresentado, o processo de aprendizagem gera momentos de criação e torna-se mais prazeroso. Para isso, o educador tem que sair daquela postura de superioridade, pois essa postura só leva a uma posição cômoda da parte do educando, que é a de receber passivamente os conhecimentos, pois este método não requer questionamento, reflexão e nem criação, o educando apenas deve repetir o que foi repassado.

Este trabalho não tem a pretensão de ser um curso de lógica, pois transporia o objetivo do livro.

A prática da atividade logística, os conhecimentos científicos e técnicos e a experiência prática são aplicados para a exploração dos recursos, para a implantação de projetos, operação, para o planejamento urbano, entre tantas aplicações.

Capítulo 12

Histórico da Lógica

"A lógica é o ramo da filosofia que cuida das regras do bem pensar, ou do pensar correto, sendo, portanto, um instrumento do pensar"

Definição de Lógica

160 | Introdução à Logística - O Perfil do Profissional

A terminologia lógica originária do grego clássico logos, que significa palavra, pensamento, ideia, argumento, relato, razão lógica ou princípio lógico, é uma ciência de índole matemática e fortemente ligada à Filosofia. Já que o pensamento é a manifestação do conhecimento e o conhecimento busca a verdade, porém não é tão simples, é preciso estabelecer algumas regras para que essa meta possa ser atingida. Assim, a lógica é o ramo da Filosofia que cuida das regras do bem pensar ou do pensar correto, sendo, portanto, um instrumento do pensar.

A história da lógica documenta o desenvolvimento de ssa ciência em várias culturas. Apesar de muitas delas terem usado complicao s sistemas de raciocínio, somente na China, Índia e Grécia os métodos de raciocínio tiveram um desenvolvimento sustentável. Embora as datas sejam incertas, especialmente no caso da Índia, é possível que a lógica tenha emergido nos três países por volta do século 4 a.C. A lógica ocidental descende da tradição grega, mas também há influências de filósofos islâmicos e de lógicos europeus da era medieval que tiveram contato com a lógica aristotélica.

A aprendizagem da lógica não constitui um fim em si. Ela só tem sentido enquanto meio de garantir que nosso pensamento proceda corretamente a fim de chegar a conhecimentos verdadeiros. Podemos, então, dizer que a lógica trata dos argumentos, para chegarmos às conclusões através da apresentação de evidências que a sustentam.

O leitor encontrará alguns exemplos de problemas envolvendo o raciocínio lógico ao longo deste módulo. Segundo Jonofon Serátes (1997), é na lógica do aprender que se inicia o aprender a lógica.

Lógica na China

Mozi, "Máster Mo", um contemporâneo de Confúcio, é creditado como o fundador da escola Mohista, cujos ensinamentos lidavam com os problemas relacionados à inferência e às condições das conclusões corretas. Em particular, uma das escolas que cresceu além do mohismo, os "the Logicians?", recebe o crédito por alguns estudiosos como sendo uma das primeiras escolas a investigarem a lógica formal. Infelizmente, por causa das leis de unificação do pensamento implementadas durante a dinastia Qin, essa linha de investigação desapareceu da China, só ressurgindo com a introdução da filosofia indiana pelos budistas.

Lógica na Índia

Os Nyaya Sutras do Akasapada Gautama são os centros da escola da Nyaya, uma das seis escolas ortodoxas da filosofia hindu. Esta escola criou um rígido esquema de cinco termos de inferência, em contraste com a lógica aristotélica, que é constituída de três termos. A lógica dessa escola, envolve como premissa inicial:

- Uma afirmação

- A razão que sustenta a afirmação

- Exemplo – que é a prova da razão

- Aplicação do princípio geral (contido no terceiro termo)

- Conclusão

Teoria da inferência

A metodologia da inferência envolve uma combinação de indução e dedução, partindo do particular para chegar a outro particular através da generalização. O processo passa por cinco etapas, como no exemplo dado a seguir:

- Existe fogo sobre a colina (Pratijña - uma afirmação que requer prova)

- Porque há fumaça lá (Hetu - razão ou causa)

- Sempre que há fogo, há fumaça (Udaharana - exemplo)

- Como há (existe) fumaça sobre a colina (Upanaya - reafirmação)

- Portanto, há fogo sobre a colina (Nigamana - conclusão)

Para o Nyaya, toda forma de conhecimento resulta apenas de uma parcela da realidade, visto que, para os filósofos dessa escola, a realidade externa não chega a nós de forma pura, mas é modificada pelos nossos sentidos. Estabelecendo sua teoria do conhecimento, o Nyaya alegou existirem quatro fontes de conhecimento: a percepção, inferência, analogia e testemunho fidedigno. No

162 | Introdução à Logística - O Perfil do Profissional

entanto, o princípio da contradição é, de todos, o de maior peso, já que ele nos permite reconhecer as conclusões falsas que se dizem ser retiradas de premissas corretas.

A escola dos neoescolásticos de Navya-Nyaya introduziu a análise formal da inferência no século XVI.

Lógica na Grécia

Na Grécia antiga, duas importantes linhas de pensamento lógico emergiram. Essas linhas foram:

- A lógica estóica

- A lógica aristotélica

A lógica estóica, com as suas raízes em Euclides de Megara (435 a 365 a.C.), pupilo de Sócrates, é baseada na lógica proposicional que talvez fosse a mais próxima da lógica moderna. Para Euclides, o Bem é identificado com o Uno, que tem a característica de ser idêntico e igual a si mesmo. Entretanto, a tradição que sobreviveu para mais tarde influenciar outras culturas foi a lógica aristotélica, surgindo daí o primeiro tratado grego sobre a sistematização da lógica. Na inspeção de Aristóteles sobre os silogismos, há quem diga que existe uma interessante comparação com o esquema de inferência dos indianos e com a menos rígida discussão chinesa.

Através do latim na Europa e outras línguas mais a oeste, como, por exemplo, o árabe e o armênio, a tradição aristotélica era considerada uma codificação superior das leis do raciocínio. Somente no século XIX, com uma maior familiaridade com a cultura clássica indiana e um conhecimento mais profundo da China, é que essa percepção mudou.

Lógica na filosofia islâmica

Após a morte de Muhamed, a lei islâmica desempenhou uma forte influência na formação dos padrões dos argumentos, o que permitiu uma argumentação romanceada no Kalan, mas essa influência foi amenizada por algumas ideias da filosofia grega que surgiram com o crescimento dos filósofos Mu'tazilah, que tentaram combinar a lógica e o racionalismo da filosofia grega com a doutrina islâmica e mostrar que as duas estão inerentemente interligadas. A influência dos tratados gregos sobre os filósofos islâmicos foi crucial na aceitação da lógica grega pela Europa medieval e os comentários de Averróis (Abu al-Walid Muhammad Ibn Ahmad Ibn Munhammad Ibn Ruchd, foi filósofo, médico e polímata muçulmano) sobre o Órganon (obra de Aristóteles - nela a lógica é dividida em formal e material) tiveram um papel importante no subsequente desenvolvimento da lógica medieval europeia.

Lógica medieval

Lógica medieval (também conhecida como lógica escolástica) é a lógica aristotélica que foi desenvolvida na era medieval no período compreendido de 1200 -1600. Esta tradição foi fundamentada através de textos, tais como o Tractatus do Pedro da Espanha (século XIII), cuja verdadeira identidade é desconhecida. Tomás de Aquino foi o filósofo que ousou mudar a antiga concepção tradicional, baseada em Platão e Agostinho, concebendo uma visão aristotélica e desenvolvendo a escolástica tomista.

Introdução ao Raciocínio Lógico

A maioria das questões de raciocínio lógico exigido no dia-a-dia empresarial necessita, de uma forma ou de outra, de conhecimentos básicos de Matemática. Este é o motivo para que você faça uma revisão dos principais tópicos da Matemática no nível secundário (breve revisão no capítulo 14).

Aqueles alunos que têm uma boa base talvez considerem a parte da revisão matemática meio redundante, porém, aconselhamos só dispensar essa revisão quem continua usando a Matemática como uma ferramenta de trabalho no seu dia-a-dia.

Porém, quando estamos planejando algo e acontece um pequeno lapso de memória, muito comum quando não se utiliza o raciocínio lógico, pode significar erro em um planejamento estratégico.

Concomitantemente com a revisão acima mencionada, você deve estudar todas as grandes famílias de problemas considerados de raciocínio lógico e a maneira mais rápida de resolvê-los. Muitas questões podem ser resolvidas pela simples intuição. Porém, sem o devido treinamento, mesmo os melhores alunos terão dificuldade em resolvê-las.

Iremos indicar um método a ser adotado para se chegar a uma solução. Contudo, como cada problema pode ser abordado de inúmeras maneiras, fica o aluno livre para seguir seu próprio raciocínio. Pedimos, inclusive, que sempre que você julgar ter encontrado um caminho mais simples ou mais lógico que o nosso, comunique-o para, assim, podermos ir aprimorando gradativamente nossa didática. Será de inestimável ajuda.

Alguns problemas do dia-a-dia exigem muita criatividade, malícia e sorte e a não ser que o profissional de logística já tenha vivenciado problemas similares, poderá ter dificuldades para resolver alguns problemas. Uma base sólida de Matemática será suficiente para resolver pelo menos 50% dos problemas. Os outros 40% podem ser resolvidos pela aplicação direta dos métodos de raciocínio lógico. Já o restante é de solução difícil.

1) Um Problema de Lógica na Área de Transporte e Distribuição

Três caminhões saíram da matriz da transportadora Estrela Azul com o mesmo destino final, a filial, e transportando cargas exatamente iguais em peso, dimensão e volume. Os caminhões também são semelhantes em tudo: no ano de fabricação, estado de conservação e plano de manutenção. Acontece que cada um deles fez um percurso diferente para chegar ao mesmo destino, devido ao plano de distribuição das cargas a ser cumprido. O pátio da filial da transportadora (ilustração 12.1 abaixo) é de terra e não pavimentado.

Figura 12.1 – Ilustração de caminhões transitando em piso de terra

Todos eles completaram o percurso com um tempo total, desde a saída da matriz até a chegada na filial, de 45 dias de viagem (os motoristas informaram que seus veículos sofreram uma pane grave). Um fiscal completou o mesmo percurso em 28 dias (o motorista informou que o veículo não sofreu pane). Acontece que o marcador de quilometragem de todos eles quebrou ao mesmo tempo. Como o fiscal vai saber quem rodou mais?

Olhando a cena apresentada na figura 12.1, com atenção, analisando com calma, você é capaz de dizer qual deles tem mais tempo na estrada e qual tem menos tempo, ou qual deles percorreu o maior percurso até agora e qual percorreu o menor? Identifique ainda qual o caminhão que mais trabalhou em entrega na cidade? Justifique sua conclusão.

Raciocínio Lógico em Sucessões de Palavras

Neste capítulo, apresentaremos várias sucessões de palavras escritas obedecendo a uma ordem lógica. Evidentemente, a lógica aplicada a uma sucessão poderá ser diferente da utilizada em outra.

A lógica na escrita, às vezes, pode parecer até absurda, mas nossa intenção é mostrar problemas onde se empregam os mais diversos raciocínios possíveis. Assim, se no dia-a-dia aparecer um problema sem sentido aparente, você estará treinado para uma lógica que muitas vezes não é nada matemática.

2) Exercício
Uma propriedade lógica define a sucessão: SEGURO, TERRA, QUALIDADE, QUILATE, SEXTANTE, SÁBIO,... Escolha a alternativa que preenche corretamente a lacuna:

1. JADE
2. CHINÊS
3. TRIVIAL
4. DOMÍNIO
5. ESCRITURA

3) Exercício
A sucessão seguinte de palavras obedece a uma ordem lógica:
VIL, RUIM, FEIO, BOIOU,... Escolha a alternativa que completa e sequência corretamente:

166 | Introdução à Logística - O Perfil do Profissional

1. MALVADO
2. CAPIXABA
3. SOTEROPOLITANO
4. BONITO
5. PIAUIENSE

4) Exercício
Atente para os vocábulos que formam a sucessão lógica:
HOMERO, DEPOIS, TEATRO, DEVEIS, COITO,...
Determine a alternativa que preenche logicamente a lacuna:

1. PÉS
2. MÃO
3. COSTAS
4. BRAÇO
5. TRONCO

5) Exercício
Observe a sucessão a seguir composta de letras do alfabeto da língua portuguesa e escolha a alternativa que determina o termo que falta:

B, D, G, L, Q,.......

1) R
2) U
3) X
4) A
5) H

Solução dos exercícios

1) Quem rodou mais foi o caminhão 3 por ser o que deixa menos marcas de pneu na terra e o que rodou menos foi o caminhão 2 pelo motivo inverso. O caminhão que mais rodou em cidade é o 2, pois foi o que teve maior desgaste dos pneus dianteiros.

2) A sucessão é formada de palavras cujas três primeiras letras são as mesmas dos dias da semana. Portanto, a palavra que preenche corretamente a lacuna é DOMÍNIO, cujas três primeiras letras são as mesmas de DOMINGO. **Alternativa 4.**

Capítulo 12 - Histórico da Lógica | 167

3) A sucessão é formada sucessivamente de palavras, tais que na:

- Primeira há apenas uma vogal
- Na segunda há duas vogais juntas
- Na terceira, três vogais juntas
- Na quarta, quatro vogais juntas
- Evidentemente, na quinta palavra, deverá haver cinco vogais juntas
- Logo, é a palavra PIAUIENSE.
Alternativa 5.

4) Os vocábulos da sucessão dada rimam, sucessivamente, com os algarismos pares do sistema de numeração decimal:

1. Homero rima com zero
2. Depois rima com dois
3. Teatro rima com quatro
4. Deveis rima com seis
5. Coito rima com oito

O próximo par é dez. Das alternativas apresentadas, o vocábulo que rima com dez é pés. **Alternativa 1.**

5) Cada elemento da série é formado por uma letra. Do B para o D pula uma letra. Do D para o G, duas. Do G para o L, três. Do L para o Q quatro. Do Q em diante devem-se pular cinco letras, logo, o X. **Alternativa 3.**

Capítulo 13

Iniciação à Logística

"É na lógica do aprender que se inicia o aprender da logística."

Adaptado de Jonofon Serátes

170 | Introdução à Logística - O Perfil do Profissional

O objetivo deste capítulo é mostrar algumas noções básicas da lógica que contribuíram para uma melhor assimilação dos assuntos tratados pelas demais disciplinas ao longo de um curso de logística.

Ao procurarmos a solução de um tema quando dispomos de dados como um ponto de partida e temos um objetivo a estimular, mas não sabemos como chegar a esse objetivo, temos um problema. Mas, se depois de examinarmos os dados chegamos a uma conclusão que aceitamos como certa, daí concluímos que estivemos raciocinando. Se a conclusão decorre dos dados, o raciocínio é dito lógico.

Já que o ato de raciocinar é a manifestação do conhecimento, o conhecimento busca a verdade, e que o estudo da lógica fundamenta os raciocínios e as ações, pois o pensamento lógico geralmente é criativo e inovador, acredita-se que é do hábito da reflexão que brota a aprendizagem. Porém, não é tão simples assim e é preciso estabelecer algumas regras para que essa meta possa ser atingida.

A seguir, apresentaremos algumas regras que orientarão para o estudo da lógica. Essas regras não são nenhuma novidade, apenas vão dar um sentido ao nosso estudo e são as seguintes:

- Proposições

- Valores lógicos das proposições

- Leis da lógica

- Sentenças abertas

- Tabela-verdade

- Conectivos

- Proposições simples

- Proposições compostas

Proposições

Em nossas conversas, acostumamo-nos a utilizar diversos tipos de proposições (sentenças). As proposições podem ser classificadas em:

Capítulo 13 - Iniciação à Logística | 171

- Imperativas – feche a embalagem.

- Interrogativas – será que o material vai chegar a tempo?

- Exclamativas – Bom dia!

- Declarativas – todo material é igual.

Estaremos estudando apenas ಎ ʼeclarativas neste livro, pois podem ser classificadas facilmente como falsa e verdadeira.

Valores lógicos das proposições

O valor lógico de uma proposição x é verdadeiro se x é verdadeiro. Escreve-se $v(x)$ = V e lê-se: valor lógico de x é V. Da mesma forma, o valor lógico de uma proposição y é falsidade se y é falsa. Escreve-se $v(y)$ = F e lê-se: valor lógico de y é F.

Leis da lógica (do pensamento)

Para que o pensar seja desenvolvido de uma forma lógica, faz-se necessário seguir os seguintes princípios do pensamento:

1. Princípio da identidade – se uma proposição é verdadeira, então ela é verdadeira.

2. Princípio da não contradição - nenhuma proposição pode ser verdadeira e falsa.

3. Princípio do terceiro excluído – uma proposição é verdadeira ou é falsa.

Sentenças abertas

Se em uma proposição substituirmos uma ou mais componentes por variáveis, teremos uma sentença aberta. Exemplo: seja a proposição: Antonio é um bom almoxarife. Se substituirmos o nome Antonio pela variável y, a proposição ficará: y é um bom almoxarife, que não necessariamente é verdadeira ou falsa.

Conectivos

Denominam-se conectivos a certas palavras, símbolos ou frases que em lógica são utilizadas para formar proposições compostas. Os conectivos mais usuais são os seguintes:

- Negação, "não" - cujo símbolo é ~

- Conjunção, "e" – cujo símbolo é ^

- Disjunção, "ou" – cujo símbolo é v

- Condicional, "se..., então" – cujo símbolo é ⟶

- Bicondicional, "se e somente se" – cujo símbolo é ⟷

Proposições simples

Uma proposição é dita simples quando declara ou afirma algo sem o uso de nenhum conectivo.

Proposições compostas

Uma proposição é dita composta quando é formada pelo uso de conectivos. Sabe-se que uma proposição composta pode ser formada por duas ou mais proposições simples.

Tabela-verdade

O número de linhas de uma tabela-verdade está em função do número de proposições simples que a compõem.

Teorema

A tabela-verdade de uma proposição composta por n proposições simples contém 2n linhas.

Exemplo 1:
Para uma proposição p, o n° de linhas da tabela-verdade é $2^1 = 2$.

p
V
F

Onde: p é uma proposição simples, V e F são dois valores lógicos que, exclusivamente, podem ser atribuídos a p.

Exemplo 2:
Para duas proposições p e q, o n° de linhas da tabela-verdade é $2^2 = 4$.

p	q
V	V
V	F
F	V
F	F

Onde: p é uma proposição simples e q é outra proposição simples. (VV), (VF), (FV) e (FF) são os quatro pares ordenados de valores lógicos das proposições p e q.

Exemplo 3:
Para três proposições p, q e r, o n° de linhas da tabela-verdade é $2^3 = 8$.

p	q	r
V	V	V
V	V	F
V	F	V
V	F	F
F	V	V
F	F	V
F	V	F
F	F	F

Onde: p, q e r são proposição simples. (VVV), (VVF), (VFV), (VFF), (FVV), (FFV), (FVF) e (FFF) são os oito termos ordenados de valores lógicos das proposições p, q e r.

Tautologia

É a proposição composta que é sempre verdadeira. A última coluna da tabela-verdade (a da direita) contém somente Vs.

Contradição

É a proposição composta que é sempre falsa. A última coluna da tabela-verdade (a da direita) contém somente Fs.

Contingência

Denomina-se contingência a proposição composta que tanto pode ser verdadeira como falsa. A última coluna da tabela-verdade (a da direita) contém tanto Vs como Fs.

Capítulo 14

Introdução à Lógica Matemática

"Logística é a ciência que trata da estruturação de um plano específico de ação."

Definição básica de logística

176 | Introdução à Logística - O Perfil do Profissional

O objetivo deste capítulo é revisar algumas noções básicas da Matemática que contribuirão para uma melhor aprendizagem dos temas focados no estudo da logística. A lógica fundamenta os raciocínios e as ações, pois o pensamento lógico induz à criatividade e à inovação. É o raciocínio lógico que torna mais produtivo o pensar.

A existência da civilização humana é uma sucessão de conquistas no campo do raciocínio aplicado à interpretação do mundo e à construção de ideias e conceitos, que se modificam no impulso do progresso e do domínio das diferentes necessidades e realidades que interagem com a mesma.

Observando cada ferramenta, cada forma de interação do homem com o mundo onde habita e as realidades que o cercam, percebe-se uma lógica que é uma prova da capacidade inventiva e do gênio da civilização.

Operação com Números

Os números naturais

Os números 1, 2, 3, 4, 5, 6,... chamam-se números naturais, visto surgirem naturalmente no processo de contagem. Sua representação gráfica é uma reta, onde os mesmos estão dispostos em ordem crescente:

$$1, 2, 3, 4, 5, 6, 7, 8, 9, 10, 11, 12...$$

Para somar dois desses números, digamos 5 e 7, começamos pelo 5 (ou pelo 7) e contamos para a direita sete (ou cinco) números para alcançar 12. Uma vez que não existe número natural maior que todos os outros, a soma de dois números naturais é sempre um número natural, isto é, a adição é sempre possível.

Para subtrair 5 de 7, começamos pelo 7 e contamos para a esquerda cinco números até o 2. A operação de subtração não pode ser executada todas as vezes. Por exemplo, o número 7 não pode ser subtraído de 5, visto que há somente quatro números à esquerda de 5.

Capítulo 14 - Introdução à Lógica Matemática | 177

Para que a subtração seja sempre possível, é necessário criar novos números para colocar à esquerda dos números naturais. O primeiro deles, 0, chama-se zero e os demais, -1, -2, -3, -4, -5,... chamam-se inteiros negativos. Os novos números tomados em conjunto com os números naturais (agora denominados inteiros positivos e escritos aqui como +1, +2, +3, +4, +5...) formam um conjunto que não tem princípio nem fim.

$$...-5, -4, -3, -2, -1, 0, +1, +2, +3, +4, +5...$$

Agora, as operações de adição e subtração (isto é, a contagem para a direita ou para a esquerda) são possíveis, sem exceção. Por uma questão de convenção, nos números positivos o sinal (+) é habitualmente suprimido.

Adição e Subtração

Para adicionar dois inteiros como 7 e -5, começamos por 7 e contamos para a esquerda (lado indicado pelo sinal de -5) cinco números até +2 ou começamos por -5 e contamos para a direita (lado indicado pelo sinal de +7) sete números até +2.

Como você somaria -5 com -7?

Para subtrair -7 de -5, começamos por -5 e contamos para a esquerda (lado oposto à direção indicada pelo sinal de -7) sete números até -12.

Para a realização das operações de adição e de multiplicação, usamos as seguintes regras:

Regra 1: Adição de dois números que têm o mesmo sinal
Para somar dois números que têm o mesmo sinal, somam-se seus valores absolutos e dá-se à soma o sinal comum.

Por exemplo:

$$+7 + (+5) = + (7 + 5) = + 12$$

$$- 6 + (- 9) = - (6 + 9) = - 15$$

Regra 2: Adição de dois números que têm sinais diferentes
Para somar dois números que têm sinais diferentes, subtrai-se o menor valor absoluto do maior e dá-se à diferença o sinal do número que tem o maior valor absoluto.

Por exemplo:

$$+13 + (-5) = + (13 - 5) = +8$$

$$+ 4 + (-18) = - (18 - 4) = -14$$

Regra 3: Subtração de dois números com sinais iguais ou diferentes
Para subtrair um número, troque seu sinal e some.

Por exemplo:

$$14 - (- 6) = 14 + 6 = 20$$

$$- 8 - (- 9) = - 8 + 9 = 1$$

$$- 8 - (+ 7) = - 8 + (- 7) = - 15$$

Multiplicação e divisão

Visto como

$$3. \, 2 = 2 + 2 + 2 = 6 \text{ ou}$$

$$3. \, 2 = 3 + 3 = 6$$

Admitimos que

$$(+3). \, (+2) = + 6$$

$$(+3). \, (- 2) = - 6$$

$$(- 3). \, (+2) = - 6$$

Resta considerar o produto de dois números negativos, digamos $(- 3). \, (- 2)$. Uma vez que $- 3 = - (+ 3)$, temos

$$(-3). (-2) = - (+3). (-2) = - (-6) = +6$$

Assim, podemos estabelecer a quarta regra:

Regra 4: Multiplicação e Divisão
Para multiplicar dois números ou para dividir um número por outro, multiplique ou divida os valores absolutos e anteponha um sinal + se os dois números tiverem o mesmo sinal e um sinal - se os dois números tiverem sinais diferentes. Se bem que as regras acima tenham sido ilustradas para inteiros positivos e negativos, deve admitir-se que prevaleçam tanto para as frações ordinárias como para os números irracionais, que serão introduzidos mais tarde.

Divisão Euclidiana – método da chave

Façamos mais algumas considerações sobre a divisão, começando logo por uma das regras mais importantes de toda a Matemática.

Regra fundamental da divisão:

NUNCA DIVIDIRÁS POR ZERO

Números primos

Quando um número natural superior a 1 tem por divisores naturais apenas o 1 e ele próprio (portanto, somente dois divisores), dizemos que esse número é primo. Assim, são números primos:

2, 3, 5, 7, 11, 13, 17, 19, 23, 29, 31, 37, 41, 47, 53,...

Números compostos

Se o número natural superior a 1 possuir mais que 2 divisores distintos, então ele será chamado de número composto. Por exemplo:

4, 6, 8, 9, 10, 12, 14, 15, 16,...

Teoria Fundamental da Aritmética

Todo número natural superior a 1 pode ser decomposto em uma multiplicação, onde um dos fatores é 1 e os demais são números primos.

Assim, qualquer número natural n pode ser escrito como segue:

$$n = 2a.\ 3b.\ 5g.\ 7q...\ \text{onde a, b, g, q} \hat{I} N$$

Então, o número de divisores naturais (positivos) de n é dado por:

$$D+ (n) = (a+1).\ (b+1).\ (g+1).\ (q+1)...$$

Múltiplos e divisores comuns

Consideremos dois naturais a e b não nulos, os conjuntos M(a) e M(b) de seus múltiplos naturais e D(a) e D(b) de seus divisores naturais.

Assim, definimos o mínimo múltiplo comum (mmc) entre a e b para o menor elemento comum não nulo entre M(a) e M(b) e o máximo divisor comum (mdc) entre a e b para o maior elemento comum entre D(a) e D(b). Dois números naturais quaisquer são ditos primos entre si se, e somente se, o seu mdc for 1.

Teorema

Sendo a e b naturais, não nulos, temos que o produto de seus respectivos máximos divisores comuns e mínimos múltiplos comuns é igual ao produto de a e b:

$$MDC\ (a,\ b).$$

$$MMC\ (a,\ b) = a.b$$

Frações ordinárias

Nos exercícios resolvidos até agora, todos os quocientes eram inteiros. Isso era necessário porque, no conjunto dos números inteiros, não há símbolo para representar, digamos, o resultado da divisão 3 por 4.

Capítulo 14 - Introdução à Lógica Matemática | **181**

Se a divisão por qualquer inteiro diferente de zero deve ser possível, sem exceção, é necessário inventar símbolos adicionais (números).

Esses símbolos, chamados frações ordinárias, são construídos indicando (por meio do sinal ¾ ou /) as operações a serem realizadas.
Por exemplo,

$$1: 2 = 1/2$$

$$3: 4 = 3/4$$

$$-2: 3 = -2/3...$$

Sejam **a** e **b** dois inteiros positivos diferentes quaisquer. Se na escala (a), o inteiro **a** ficar à esquerda do inteiro **b**, dizemos que **a** será menor do que **b** e escreveremos **a < b**.

Se, entretanto, **a** ficar à direita de **b**, dizemos que **a** é maior do que **b** e escrevemos **a > b**.

Se **a < b**, a fração (ordinária) **a/b** chama-se própria; caso contrário, imprópria. As frações próprias **a/b** são:

$$1/2$$
$$1/3 \qquad 2/3$$
$$1/4 \qquad 2/4 \qquad 3/4$$
$$1/5 \qquad 2/5 \qquad 3/5 \qquad 4/5$$

Sejam c/d e e/f duas frações quaisquer do conjunto acima. O problema que surge é: como podemos dizer se

c/d = e/f
c/d < e/f ou
c/d > e/f?

Isso nos leva à regra mais útil para calcular com frações:

Frações Ordinárias - Regra 1
O valor de uma fração não se altera quando o numerador e o denominador são multiplicados ou divididos por um mesmo número diferente de zero.

Por exemplo:

$$1/3 = 2/6 = 4/12 \text{ e}$$
$$8/20 = 4/10 = 2/5$$

Pelo emprego da regra 1, duas ou mais frações quaisquer podem ser reduzidas ao mesmo denominador; por exemplo,

1/3, 2/5 e 3/10 podem escrever-se como
10/30, 12/30 e 9/30 ou
20/60, 24/60 e 18/60 etc.

Então, 3/10 < 1/3 < 2/5, visto como

$$9/30 < 10/30 < 12/30$$

Ao somar e subtrair frações, é necessário reduzir as diversas frações ao mesmo denominador. Dos muitos denominadores que se podem usar, há sempre um menor de todos, chamado o menor denominador comum. No exemplo acima, 30 é o menor denominador comum.

Frações Ordinárias - Regra 2

A soma (diferença) de duas frações reduzidas ao mesmo denominador é uma fração cujo denominador é o denominador comum e cujo numerador é a soma (diferença) dos numeradores. Por exemplo:

$$3/5 + 1/4 = 12/20 + 5/20 = (12+5) / 20 = 17/20$$
$$e$$
$$2/3 + 3/2 - 5/4 = 8/12 + 18/12 - 15/12 = (8 + 18 - 15) / 12 = 11/12$$

Frações Ordinárias - Regra 3

O produto de duas ou mais frações é uma fração cujo numerador é o produto dos numeradores e cujo denominador é o produto dos denominadores das várias frações. Por exemplo:

$$2/3. \ 5/4. \ 9/10 = 2.5.9 / 3.4.10 = 3/4$$

Frações Ordinárias - Regra 4

O quociente de duas frações pode ser avaliado pelo emprego da regra 1 com o menor denominador comum das frações como multiplicador.

Expressões Algébricas

Observe a expressão: $E = mc^2$. Nessa expressão, c é uma constante que indica a velocidade da luz, que é de 3 . 108 metros por segundo. A letra m é uma variável que representa a massa de um corpo (em kilogramas) e E é uma variável que representa a energia armazenada neste corpo (medida em joules).

O que são expressões algébricas ?

Anteriormente já misturamos números e letras através das operações de soma, subtração (como soma do simétrico ou oposto), multiplicação, divisão (como multiplicação pelo inverso ou recíproco), potenciação e radiciação. As expressões que apresentam uma ou mais letras e números (variáveis, incógnitas, etc.), envolvendo as operações elencadas acima, são estudadas numa parte da Matemática chamada Álgebra, e por isso são chamadas expressões algébricas. Por exemplo:

$3x^3y^2$	monômio
$xy^2 + x^3y$	binômio
$x^2y - 5xy^3 + 6y^2$	trinômio
$x^3 + 4x^2y + 6x^2y^2 + 4xy^3 + y^3$	polinômio

Em resumo

1. Monômios são expressões onde não aparecem operações de soma algébrica

2. Soma algébrica refere-se tanto à adição como à subtração

3. Termos semelhantes são aqueles que têm a mesma parte literal.

4. Binômio: soma algébrica de 2 monômios

5. Trinômio: soma algébrica de 3 monômios

6. Polinômios: soma algébrica de 4 ou mais monômios.

7. Podemos chamar monômios, binômios e trinômios indistintamente de polinômios.

Operações

Soma algébrica de monômios

Somar monômios é apenas reduzir seus termos semelhantes. Exemplo:

$5x^2 - 3x^2 + 3xy - 10xy - 5x^3y + 6x^3y =$
$= (5 - 3)x^2 + (3 - 10)xy + (-5 + 6)x^3y =$
$= 2x^2 - 7xy + x^3y$

Multiplicação e divisão de monômios

Exemplos:

$x^2 \cdot (3x^3) \cdot (2y) \cdot y^4$	$= 6x^5y^5$
coeficientes 3. 2	$= 6$
$x^2 \cdot x^3$	$= x^5$
$y \cdot y^4$	$= y^5$

$(12x^4y^3) : (-6x^3y^2)$	$= -2xy$
coeficientes)	$12 : (-6 = -2$
x	$x^4 : x^3 = x^1 = x$
y	$y^3 : y^2 = y^1 = y$

O produto de polinômios se baseia na propriedade distributiva da multiplicação. Assim, dados dois polinômios

Capítulo 14 - Introdução à Lógica Matemática | 185

$P1[x] = x^2 - x + 1$
e
$P2[x] = -x^3 + x - 2$

Desenvolvemos os produtos parciais utilizando a propriedade distributiva da multiplicação:

$P1[x] . P2[x]$ equivale a multiplicar o polinômio $P1[x]$ por cada um dos termos do polinômio $P2[x]$

$P1[x] . P2[x] = P1[x] . (-x^3 +x - 2) =$
$= P1[x] (-x^3) + P1[x] (x) + P1[x] (-2) =$
$= (x^2-x+1)(-x^3)+(x^2-x+1)(x)+(x^2-x+1)(-2) =$
$= (-x^5 +x^4 -x^3)+(x^3 -x^2 +x)+(-2x^2 +2x -2)$

Reduzimos a termos semelhantes e ordenamos segundo as potências decrescentes de uma das variáveis (no caso só temos x):

$(-x^5 +x^4 - x^3)+(x^3 - x^2 +x)+(-2x^2 +2x -2) = -x^5 + x^4 - 3x^2 + 3x - 2$

Este processo é muito parecido com o Método das Chaves, utilizado na Divisão Euclidiana, visto em Conjuntos Numéricos. Vamos recordá-lo:

Exemplo:

Encontrar o quociente e o resto da divisão de 35 por 17

> O número 35 chama-se Dividendo e o número 17 chama-se Divisor.
> Quantas vezes o 17 cabe no 35?
> O número 2 chama-se quociente.
> De 35 subtraímos 17 . 2 = 34 e obtemos o número 1, que se chama Resto.
> Dividendo = Divisor . Quociente + Resto
> Resto < Divisor

Utilizando o mesmo algoritmo (sistema de cálculo) vamos dividir dois polinômios onde:

dividendo $D[x] = x^4 - 4x^2 - x + 3$
divisor $d [x] = x - 2$

Para zerar o primeiro termo temos que multiplicar o divisor por x3(que será, portanto, o primeiro termo do quociente) e efetuar a subtração Continuando com a divisão, vamos baixar os demais itens do dividendo:

Vamos achar o termo seguinte do quociente que faça zerar o primeiro termo (2x3) do dividendo e assim sucessivamente até o fim da divisão

Fatoração

Fatorar uma expressão algébrica é escrevê-la como uma multiplicação: quando todos ou alguns termos de uma expressão algébrica têm um fator comum, podemos colocá-lo em evidência. A forma fatorada é o produto do fator comum pela expressão obtida dividindo-se a expressão inicial pelo fator comum.

Por que fatorar?

Sempre podemos relacionar as expressões algébricas com o que vimos em Conjuntos Numéricos. Por que fatorávamos os números? Para simplificá-los, encontrar o MDC e o MMC, etc. Será de grande valia aqui, bem como na resolução de equações.

Formas de fatoração

- Fator Comum

"Se existir um fator comum a todos os termos de uma expressão algébrica, este deve ser colocado em evidência".

- Agrupamento

"Se não existir um fator comum a todos os termos de uma expressão algébrica, então:

- Formamos 'grupos' que tenham um fator comum, isto é 'agrupamos' os termos.

- Em cada grupo, colocamos esses fatores comuns em evidência.

Capítulo 14 - Introdução à Lógica Matemática | 187

- Se os fatores comuns a cada grupo forem iguais entre si, então serão colocados em evidência multiplicando a expressão toda.

- Utilizando produtos notáveis

A palavra produto refere-se ao resultado de uma multiplicação. Alguns produtos são chamados notáveis porque aparecem inúmeras vezes nas simplificações de expressões e equações. São importantes ferramentas de trabalho que aparecerão no decorrer de todo o estudo da Matemática.

Produtos notáveis

Quadrado da soma

Se pensarmos em números, uma soma elevada ao quadrado não oferece maiores dificuldades. Seja, por exemplo, a soma

$(2 + 3)^2 = 52 = 25$

Mas, se ao invés de números tivéssemos letras, teríamos que pensar

$(a + b)^2 =$
$= (a + b) \cdot (a + b) =$
$= a^2 + ab + ba + b^2 =$
$= a^2 + 2ab + b^2$

"O quadrado de uma soma é igual ao quadrado do primeiro, mais duas vezes o primeiro pelo segundo, mais o quadrado do segundo."

Quadrado da soma:

$(a + b)^2 = a^2 + 2ab + b^2$

Usando o exemplo numérico acima, note que:

$(2 + 3)^2 =$
$= 2^2 + 2.2.3 + 3^2 =$
$= 4 + 12 + 9 =$
$= 25$

Note ainda que $(a + b)^2 \neq a^2 + b^2$

$2^2 + 3^2 = 4 + 9 = 13$

Quadrado da diferença

$(a - b)^2 =$
$= (a - b) \cdot (a - b) =$
$= a^2 - 2ab + b^2$

"O quadrado de uma diferença é igual ao quadrado do primeiro, menos duas vezes o primeiro pelo segundo, mais o quadrado do segundo."

Quadrado da diferença:

$(a - b)^2 = a^2 - 2ab + b^2$

Visualizando:

$(a-b)^2$ seríamos iguais a a^2 menos os retângulos $ab + ba$ se nesta operação, b^2 não tivesse sido subtraído duas vezes, razão pela qual deve ser somado uma vez a a^2

Produto de conjugados

O produto de um binômio do tipo $(a + b)$ pelo seu conjugado $(a - b)$ é sempre igual ao quadrado do primeiro, menos o quadrado do segundo.

Produto de conjugados:

$(a + b) \cdot (a - b) = a^2 - b^2$

Cubo da soma

$= (a + b) \cdot (a^2 + 2ab + b^2) =$
$= a^3 + 3a^2b + 3ab^2 + b^3$

Capítulo 14 - Introdução à Lógica Matemática | **189**

O cubo da soma de um binômio é igual a:

o cubo do 1°
+ 3 vezes o quadrado do 1° pelo 2°
+ 3 vezes o 1° pelo quadrado do 2°
+ o cubo do 2°

Cubo da soma:

$(a + b)^3 = a^3 + 3a^2b + 3ab^2 + b^3$

Cubo da diferença

$(a - b)^3 = (a - b) . (a - b)^2$
$= (a - b) . (a^2 - 2ab + b^2) =$
$= a^3 - 3a^2b + 3ab^2 - b^3$

O cubo da diferença de um binômio é igual a:

o cubo do 1°
- 3 vezes o quadrado do 1° pelo 2°
+ 3 vezes o 1° pelo quadrado do 2°
- o cubo do 2°

Cubo da diferença:

$(a - b)^3 = a^3 - 3a^2b + 3ab^2 - b^3$

Cubo da diferença

$(a - b)^3 = (a - b) . (a - b)^2$
$= (a - b) . (a^2 - 2ab + b^2) =$
$= a^3 - 3a^2b + 3ab^2 - b^3$

O cubo da diferença de um binômio é igual a:

o cubo do 1°
- 3 vezes o quadrado do 1° pelo 2°
+ 3 vezes o 1° pelo quadrado do 2°
- o cubo do 2°

Cubo da diferença:

$(a - b)^3 = a^3 - 3a^2b + 3ab^2 - b^3$

Soma de cubos

$a^3 + b^3 = (a + b)^3 - 3ab(a + b)$

Do item cubo da soma temos que

$(a + b)^3 = a^3 + 3a^2b + 3ab^2 + b^3$

invertendo:

$a^3 + 3a^2b + 3ab^2 + b^3 = (a + b)^3$
$a^3 + b^3 = (a + b)^3 - 3a^2b - 3ab^2$ o que nos leva à equação acima.
$a^3 + b^3 = (a + b)(a + b)^2 - 3ab(a + b)$
$= (a + b)(a^2 + 2ab + b^2 - 3ab)$
$= (a + b)(a^2 - ab + b^2)$

Diferença de cubos

$a^3 - b^3 = (a - b)^3 + 3ab(a - b)$
$= (a - b)(a^2 - 2ab + b^2 + 3ab)$
$= (a - b)(a^2 + ab + b^2)$

Quadrado do trinômio

$(a+b+c)^2 = [(a + b) + c]^2$
$= a^2 + 2ab + b^2 + 2ac + 2bc + c^2$
$= a^2 + b^2 + c^2 + 2(ab + ac + bc)$

Referências

ANDRADE, Eduardo Leopoldino de. Introdução à pesquisa operacional: métodos e modelos para a análise de decisão. 2 ed. Rio de Janeiro: LTC: 1998.

AUSTIN, M./VIDAL-NAQUET, P., Economia e sociedade na Grécia antiga, Lisboa, Edições 70, 1986.

BADÍA, F.G. et al. Optimal inspection and preventive maintenance of units with revealed and unrevealed failures. Reliability Engineering System Safety, London, 78, 157-163, 2002.

BEN-DAYA, M. The economic production lot-sizing problem with imperfect production process and imperfect maintenance. International Journal of Production Economics, New York, 76, 257-264, 2002.

BENITO, Rafael Carlos Vélez, SILVEIRA, Carlos Augusto, LAVRATTI, Fábio Beylouni. A otimização da logística de distribuição como diferencial competitivo. In: Mercolog, 2004, Porto Alegre.

BOSE, Partha Sarathi. Alexandre, o Grande: A arte da estratégia. Tradução de Alexandre Feitosa Rosas. Rio de Janeiro: Best Seller, 2006.

CHOPRA, Sunil. Gerenciamento da cadeia de suprimentos. São Paulo: Prentice Hall, 2003.

CORMEN, Thomas H. Introduction to algorithm. 23. ed. MIT: McGraw-Hill, 1999.

COUNCIL OF LOGISTICS MANAGEMENT (CLM). Supply chain vision, logistics terms and glossary. Disponível em: <http://clm1.org/Downloads/Resources/glossary03.pdf>. Acesso em: 15/09/2004.

CRISTOPHER, Martin. A logística do marketing. São Paulo: Futura, 1999. DONATO, Vitório. Logística Verde: uma abordagem sócio-ambiental. Rio de Janeiro: Ciência Moderna, 2008.

_____, Manual do Almoxarife: O Guia básico do profissional de Logística. Rio de Janeiro: Ciência Moderna, 2009.

DORNEIR, Philippe-Pierre. et al. Logística e operações globais: textos e casos. São Paulo: Atlas, 2000.

ENGELS, Donald. Alexandre, o Grande, e a Logística da Guerra da Macedônia. 1992.

EVES, Howard, Introdução à História da Matemática, Unicamp, Campinas, 1997.

FINLEY, M. I, Os gregos antigos, Lisboa, Edições 70, 1984.

FREIRE, Paulo. Educação e mudança. Rio de Janeiro: Paz e Terra, 1979.

FRONTLINE SYSTEMS INC., Solver technology. Disponível em: <http://www.solver.com>. Acesso em: 20/10/2004.

GOLDBARG, Marco César. Otimização combinatória e programação linear: modelos e algoritmos. Rio de Janeiro: Campus, 2000.

HARVEY, P., Dicionário Oxford de literatura clássica grega e latina, Rio de Janeiro, Jorge Zahar, 1987.

LAVRATTI, Fábio Beylouni. O ensino da logística no Brasil. In: MELO, Pedro Antônio de, COLOSSI, Nelson. Cenários da gestão universitária na contemporaneidade. Florianópolis: Insular, 2004.

MAXIMIANO, Antonio César Amaru. Teoria geral da administração: da revolução urbana à revolução digital. 3 ed. São Paulo: Atlas, 2002.

SHAMBLIN, James E., STEVENS JR, G. T. Pesquisa operacional: uma abordagem básica. São Paulo: Atlas, 1979.

ROSTOVTZEFF, M., História da Grécia, Rio de Janeiro: Zahar, 1973.

SÉRATES, Jonofon. Raciocínio lógico: lógico matemático, lógico quantitativo, lógico numérico, lógico analítico, lógico crítico. 10 ed. Brasília: Jonofon, 1997.

Glossário

Adaptabilidade - É a disposição para se integrar ao ambiente e dar respostas adequadas a novas situações.

Agressividade - Define o modo típico de reagir diante de barreiras ou ameaças. A pessoa heteroagressiva tende a atacar os obstáculos; por outro lado, a pessoa autoagressiva tende a se abater frente aos obstáculos, assumindo uma atitude passiva.

Ambição - É almejar crescimento, estabelecer um objetivo e empenhar-se para atingi-lo.

Aptidão - É a disposição natural ou adquirida para qualquer coisa. Os seres humanos possuem um mesmo conjunto de aptidões, mas o desenvolvimento das aptidões em cada pessoa é desigual.

Arrojo - É a predisposição para assumir riscos.

Atenção Concentrada - É a capacidade de focar e manter integralmente a atenção numa tarefa de precisão.

Atenção Distribuída - É a capacidade para difundir a atenção em vários estímulos, simultaneamente, sem perder a visão de conjunto.

Autobahn - É a palavra alemã para uma estrada de alta velocidade restrita aos veículos a motor capaz de serem conduzidos pelo menos a 130 km / h.

196 | Introdução à Logística - O Perfil do Profissional

Bom Senso - É a capacidade de avaliar os fatos com critério, ponderando causas e consequências e isentando os julgamentos de conteúdos subjetivos.

Características da Personalidade - São traços isolados que aparecem na configuração da personalidade que, ao se integrarem, formam uma dinâmica única e exclusiva, que se traduz na maneira de ser de cada um.

Combatividade - É a canalização da energia e da vontade para a superação de obstáculos, pressupondo determinação e garra no alcance dos propósitos.

Compreensão Verbal - É a facilidade para entender mensagens, instruções e conceitos expressos em palavras.

Comunicação - É a capacidade para expor ideias e argumentar pontos de vista com objetividade, clareza e fluência.

Cosmovisão - É a capacidade de abstração voltada para o holístico, para uma concepção de mundo ampla, abrangente e integrada. Está relacionada a uma postura aberta para a vida e para o futuro, para a busca de cultura geral e para o desenvolvimento de uma multiplicidade de interesses.

Criatividade - É a capacidade para inovar, seja na realização de uma atividade ou na solução de um problema.

Equilíbrio Emocional - É saber lidar com as emoções, ter controle sobre as reações e ser capaz de usar a razão de maneira adequada, sem desqualificar os sentimentos.

Equilíbrio Intrapsíquico - Corresponde à harmonia entre as tendências básicas do temperamento e as reações comportamentais. O equilíbrio desejável pressupõe ausência de acentuados mecanismos de repressão ou total permissão para extravasar emoções.

Flexibilidade - É a abertura para rever suas posições, acatar ideias e valores adversos e novas demandas ambientais.

Fluência Verbal - É a aptidão para utilizar a linguagem com rapidez, facilidade de expressão e riqueza de vocabulário.

Freeway - É um tipo de estrada projetada para assegurar alta velocidade dos veículos através da eliminação de cruzamentos de nível.

Habilidade Numérica - É a aptidão para realizar cálculos e operações aritméticas de forma correta.

Iniciativa - É a capacidade de agir com prontidão, presteza e independência em situações que envolvam tomadas de decisão. Pode ou não significar criatividade e originalidade.

Inteligência Geral - É a capacidade para a assimilação de novos conhecimentos e para a elaboração de soluções.

Liderança - É a capacidade para interagir, influenciar e orientar pessoas na realização de um determinado objetivo.

Memória Auditiva - É a capacidade para reter e evocar palavras e ordens recebidas oralmente.

Memória Numérica - É a facilidade para reter e evocar elementos e símbolos numéricos.

Memória Visual - É a aptidão para reter os estímulos vistos uma única vez.

Potencial Intelectual - É a competência para utilizar de maneira eficaz as habilidades ou as aptidões plenamente desenvolvidas.

Raciocínio Abstrato - É a capacidade para extrapolar conhecimentos para uma situação atual, compreendendo similaridades, comparando e classificando conceitos, ideias e símbolos.

Raciocínio Espacial - É a aptidão para visualizar relações de espaço, dimensão, posição e direção, bem como julgar visualmente as formas geométricas.

Raciocínio Lógico - É a capacidade de identificar e compreender o que há de essencial e de geral em fatos isolados, bem como perceber o conteúdo de um conceito geral em toda a sua extensão, estabelecendo relações entre os dados analisados.

Raciocínio Matemático - É a facilidade para perceber o raciocínio utilizado em operações que envolvem números.

Raciocínio Mecânico - É a capacidade de compreender as leis físicas e mecânicas, bem como as relações que delas decorrem.

Raciocínio Verbal - É a aptidão para compreender e usar os conceitos verbais em toda a sua profundidade e extensão, refletindo a organização do pensamento.

Relacionamento - É a capacidade de interagir com outras pessoas, segundo os padrões de comportamento socialmente aceitos.

Resistência a pressões - Diz respeito à habilidade para lidar com adversidades, frustrações e situações conflitivas ou desestruturadas.

Segurança pessoal - É a autoconfiança e a desenvoltura para agir em situações novas ou conflitivas.

Sinergia - É o momento em que todos de uma equipe sintetizam suas diversidades e canalizam suas energias no mesmo sentido, na mesma direção, com a mesma força e com toda a determinação.

Tônus Vital - Vitalidade que representa a energia, vitalidade e resistência ao cansaço psicofísico e às frustrações, bem como a capacidade de se recuperar dos referidos estados.

Trabalho em Equipe - É a competência resultante da disposição e da capacidade para interagir, cooperar e solidarizar-se com as pessoas, dentro de uma relação de troca na busca de resultado.

Manual do Almoxarife

Autor: *Vitório Donato*

248 páginas - 1ª edição - 2010

Formato: 16 x 23

ISBN: 978-85-7393-883-8

A demanda por profissionais para a função de almoxarife vem apresentando crescimento constante em todo o mundo, tornando-se uma importante fonte geradora de empregos. Assim, surge a necessidade da profissionalização e de estudos especializados no campo de atuação deste profissional. Neste contexto esta obra apresenta a evolução da função do almoxarife e sua contextualização no cenário atual. Mostra também o surgimento da função, assim como vários conceitos e estratégias para o desenvolvimento da atividade, envolvendo aspectos teóricos e práticos para seu planejamento e sua organização.

A publicação deste livro constitui importante ferramenta de trabalho para todos os setores que operam o processo logístico e que demonstram preocupação com esta atividade. Para transformar esse cenário em ações, é fundamental que as atividades de almoxarife sejam geridas por pessoas com qualificação / capacitação profissional e conhecimento para aplicação de tecnologia e ferramentas atualizadas adequadas.

O leitor encontrará nesta obra, modelos de práticas para conferência e inspeção de recebimento, e soluções práticas fundamentadas na experiência profissional do autor, pesquisas de campo e principalmente pela participação de especialistas que colaboraram com valiosos subsídios para sua elaboração.

A obra oferece ainda um glossário com alguns termos utilizados na atividade logística como também alguns exercícios para facilitar o estudo e aprendizagem.

À venda nas melhores livrarias.

Logística Verde - Uma Abordagem Sócio-ambiental

Autor: *Vitório Donato*

276 páginas - 1ª edição - 2008
ISBN: 9788573937053
Formato: 16 x 23

A publicação deste livro constitui importante ferramenta de trabalho para todos os setores que operam o processo logístico e que demonstram preocupação com os aspectos e impactos desta atividade (desde a etapa de implantação da infra-estrutura logística, até a destinação final dos resíduos gerados por esta atividade).

Esta obra compreende 13 capítulos, divididos em cinco partes. Na primeira parte – aspectos legais – é tratado, entre outros assuntos, o conceito da logística verde e da logística reversa, o histórico do pensamento ambiental, a preocupação ambiental no Brasil, o Direito Ambiental e a Legislação ambiental brasileira para a logística. Na segunda parte, foi dada ênfase aos mecanismos para coordenação da logística verde, através dos: mecanismos legais (estudo prévio de impacto ambiental, identificação das principais atividades ou empreendimentos logísticos sujeitos ao licenciamento ambiental), mecanismos de coordenação (as diversas certificações sócio-ambiental existentes) e os mecanismos instrumentais, através da contabilidade ambiental dentre outros temas. A terceira parte aborda os aspectos e impactos da atividade logística e os procedimentos para manuseio e transporte de produtos perigosos. Já na quarta parte apresentamos as ferramentas de gestão ambiental, através da valoração dos custos evitados dos impactos ambientais logísticos e identificação das operações logísticas potencialmente contaminadoras. Finalmente, na parte cinco, apresentamos uma visão sócio-ambiental da logística onde apresentamos as tecnologias disponíveis e em desenvolvimento para substituição dos combustíveis fósseis e os princípios para adoção de um desenvolvimento logístico sustentável.

A obra oferece ao leitor um glossário com alguns termos de caráter ambiental utilizados na atividade logística como também alguns exercícios para facilitar o estudo e aprendizagem.

À venda nas melhores livrarias.

Decisões Financeiras em Logística

Autor: *Carlos Alberto Orge Pinheiro*

128 páginas - 1ª edição - 2009

Formato: 16 x 23

ISBN: 978-85-7393-829-6

O gestor financeiro sabe que existe uma relação direta entre retorno (através do valor da taxa de juros) e o risco associado à cada operação. Desta forma, precisa conhecer um pouco de matemática financeira e contabilidade. Deste modo, será possível perceber cenários e compreender o impacto da gestão logística nos resultados econômicos e financeiros da empresa.
Neste livro iremos tratar da importância da gestão logística, bem como da definição dos resultados financeiros. Assim, conhecer as medidas de desempenho será importante para que, ao final, o leitor possa decidir-se pelos melhores resultados.

À venda nas melhores livrarias.

Impressão e acabamento
Gráfica da Editora Ciência Moderna Ltda.
Tel: (21) 2201-6662